TessinArchitektur

Thomas Bamberg | Paola Pellandini

TessinArchitektur

Die junge Generation

Deutsche Verlags-Anstalt München

INHALT

DIE IDEE ZUM BUCH

THOMAS BAMBERG
PAOLA PELLANDINI

Das Tessin, schrieb vor einigen Jahren Aurelio Galfetti, einer der Altmeister der Tessiner Architekturszene, ist eine alpine Stadt, die sich vom Mailänder Domplatz bis zum Fuße des Gotthardmassivs erstreckt. Dieser neue Typ von Stadt, nämlich eine offene und ziemlich ungeordnete Ansammlung von Wohngebieten, Industrieanlagen und Freizeiteinrichtungen, verknüpft durch gute Verkehrsverbindungen, liegt, und das wiegt viele Nachteile auf, in einer klimatisch ausgezeichneten, reizvollen Landschaft mit Tälern und Seen. Aber Zersiedelung und hoher Landschaftsverbrauch gefährden die heile Welt. Das hat schon vor einigen Jahrzehnten einige beherzte junge Architekten dazu herausgefordert, mit neuen baulichen Akzenten gegen diese Entwicklung anzugehen. 1975 haben sie in einer gemeinsamen Ausstellung mit dem Titel »Tendenzen« an der ETH Zürich (Eidgenössische Technische Hochschule) ihre bis dahin geleistete Arbeit vorgestellt und damit weltweites Interesse geweckt. Einfache, klare Baukörper im Kontrast zur eindrucksvollen Landschaft, die Verwendung von Sichtbeton in hoher handwerklicher Qualität und die Einbeziehung von historischen Merkmalen führten zu überzeugenden Lösungen. Die Casa Rotalinti in Bellinzona von Aurelio Galfetti, der Wohnturm Mario Bottas in Riva San Vitale und das Haus Kalmann in Brione von Luigi Snozzi sind nur einige Beispiele der neuen Ausrichtung. Einige der damals wichtigen Vertreter dieser Schule, Mario Botta, Aurelio Galfetti, Ivano Gianola, Luigi Snozzi und Livio Vacchini, sind heute renommierte und weltweit tätige Architekten und haben maßgeblichen Anteil am Aufbau der »Accademia di Mendrisio«, der 1996 gegründeten Architekturfakultät der italienischen Schweiz. Sie kommen in diesem Band mit kurzen Beiträgen zu Wort.
Seit dieser richtungweisenden Ausstellung von 1975 sind dreißig Jahre vergangen. Nach dem Höhepunkt in den achtziger und neunziger Jahren ist es inzwischen ruhiger geworden um das Architekturgeschehen im Tessin. »I giovani, bravi ma silenziosi, quasi assenti ...« (1) schrieb unlängst Paolo Fumagalli in der regionalen Architekturzeitschrift »archi« über die jungen Architekten der Südschweiz. Beinahe unbemerkt ist jedoch eine ganze Reihe von jüngeren Architekten nachgerückt, die, ähnlich ihren Vorgängern, über Einfamilienhäuser den Einstieg in eine eigene praktische Tätigkeit gefunden haben. Zum Teil sind sie den renommierten Büros entwachsen und haben im Umgang mit der Tradition und dem architektonischen Erbe im Tessin eigene Vorstellungen entwickelt. Beim Bau der Universität von Lugano hat Aurelio Galfetti jungen Architekten ermöglicht, sich an größeren Bauvorhaben zu versuchen und auszuzeichnen.
Ohne spektakuläre Gesten beschäftigen sie sich in der Formensprache ihrer Vorgänger mit neuen Techniken, wie etwa vorfabrizierten Bauteilen oder der Nutzung regenerativer Energien, mit neuen Materialien wie Holz – bisher im Tessin eher unüblich – und Kunststoff, mit der Topografie und mit städtebaulichen Themen. Der Band schliesst mit einem städtebaulichen Projekt, der Neuordnung des Geländes des ehemaligen Grandhotels »Palace« in Lugano, das kurz vor seiner Realisierung steht. Die Umwandlung der Hotelruine in ein Kunstmuseum und einen Konzertsaal bietet dem aus einem öffentlichen internationalen Wettbewerb hervorgegangenen Gewinner Ivano Gianola die Möglichkeit, die Prinzipien der Tessiner Architektur in einem städtebaulich empfindlichen Bereich, am Übergang der historischen Altstadt zur neuen Uferbebauung, unter Einbeziehung der Stadt und der Landschaft zu demonstrieren. Einerseits zeigt dieses Projekt das Bemühen der öffentlichen Hand, wichtige städtebauliche Aufgaben durch Wettbewerbe lösen zu lassen, andererseits wird ihre Bedeutung für die Erfassung und Förderung sozio-kultureller Entwicklungen deutlich. Dabei stützt sie sich nach wie vor auf die Kreativität und fachliche Kompetenz ihrer Altmeister, die ihrerseits durch Lehraufträge an der Schule von Mendrisio und die Beratung der Kommunen bei städtebaulichen Aufgaben und Wettbewerben Arbeitsräume schaffen für ihre jungen Kollegen, denen das Hauptaugenmerk dieses Buches gewidmet ist.

(1) Paolo Fumagalli, *Diario dell'architetto,* »archi« 1, 2004.

DOMENICO LUNGO ■ DIE SUCHE NACH ZUSAMMENHÄNGEN IN DER BEBAUUNG EINER LANDSCHAFT

Eine der ersten geografischen Karten des neuen Kantons Tessin, gezeichnet von Heinrich Keller für die Topographisch-statische Darstellung des Canton Tessin, veröffentlicht im »Helvetischen Almanach für das Jahr 1812«

Sprawl, città territorio, città regione, città diffusa, terrain-vague, non-luoghi etc. …

Es ist nicht einfach, den Prozess der Besiedelung einer Landschaft zu beschreiben. Die Verwandlung einer unberührten Landschaft in eine von Menschen bewohnte und für seine Zwecke genutzte Region ist in den letzten Jahrzehnten so heftig und unkontrolliert verlaufen, dass man die heutige Bebauung, ihre Form und ihren Ausdruck meistens als Zersiedelung empfindet.

»Die feingegliederte oder auffällig geformte Landschaft entspricht der ethischen Wirklichkeit des Lebens, der Welt des Zufälligen, des Möglichen, dieser veränderbaren Wirklichkeit.

Die Natur hingegen, um einen Gedanken von Simmel aufzunehmen, ist das unendliche Zusammenspiel aller Dinge, das ununterbrochene Schaffen und Zerstören der Formen, die fließende Einheit des Geschehens, die ihren Ausdruck in der zeitlich und räumlich beständigen Wirklichkeit hat. Dennoch hält die Landschaft, sofern sie eine spirituelle Dimension hat, das Unendliche in ihren Grenzen und verinnerlicht und übermittelt dadurch die wichtigste Bedeutung der Natur.« (1)

Durch die uneingeschränkte Mobilität und der damit einhergehenden Prosperität dieser Region gingen die traditionellen Kriterien von Herkunft und Identität und der Bezug zur Landschaft weitestgehend verloren. Es wurde völlig übersehen, dass die Region nach einem neuen Selbstverständnis verlangt, nach einer Vision, die die eigene Herkunft mit den Ansprüchen einer modernen Industriegesellschaft verbindet. Demnach wird auch dem Architekten eine neue Rolle zugedacht. Die von Mario Botta, dem weltweit renommierten Tessiner Architekten mitbegründete »Accademia di Architettura« in Mendrisio, hat sich vorgenommen, solche Raumplaner, die so genannten »operatori territoriale«, auszubilden.

»Raumplaner heißt einfach, dass ein Architekt die Folgen, die sein Denken und Handeln auf die Umwelt haben, allen anderen Überlegungen voranstellen muss. Das bedeutet, dass sich die Qualität eines Bauwerks vor allen Dingen an den Bezügen ablesen lässt, die es mit allen anderen Bestandteilen der Umgebung eingeht.« (2)

Die Definition des Raumplaners umfasst nicht nur die Ausbildungsziele, die zu Beginn der schulischen Ausbildung an der »Accademia« von Mendrisio stehen, sie beschreibt vor allem die Aufgaben, denen sich ein Architekt in einer komplexen Realität wie der des heutigen besiedelten Gebiets im Tessin gegenübergestellt sieht.

In der Tat bedeutet Bauen im Tessin vor allem, einen besonderen Bezug mit der Landschaft herzustellen. Es ist das Handeln des Menschen und seine Geschichte, die die natürliche Landschaft in ein ästhetisches Objekt umformen. An dieser Umwandlung muss sich der Geist des gemeinsamen Handelns messen und bewerten lassen.

»Das, was ich an der Architektur schätze, ist nicht sosehr das Gebäude an sich, sondern vielmehr die Beziehungen (räumlich, emotional, usw.), die sie mit ihrer Umgebung herstellen kann.« (3)

Die territoriale Dimension:

»Das Tessin ist eine alpine Stadt, ein neuer Typ einer offenen und diffusen Stadt, die die Talsohle bedeckt vom Domplatz in Mailand bis zum Fuße des Gotthardmassivs.« (4)

Das Tessin ist der einzige Kanton der Schweizer Eidgenossenschaft, der vollständig auf der Alpensüdseite liegt. Er bedeckt eine Fläche von 2812 Quadratkilometern bei einer Ausdehnung von zirka 90 Kilometer in Nordsüdrichtung und 60 Kilometer in Ostwestrichtung. Er hat 208 Kilometer gemeinsame Grenze mit Italien, was zirka 59 Prozent seiner gesamten Grenze ausmacht.

Der Monte Ceneri zwischen Lugano und Bellinzona teilt den Kanton in eine nördliche und eine südliche Hälfte. Der Norden ist eine vorwiegend bergige Gegend, die zu mehr als 50 Prozent oberhalb von 1500 Metern liegt. Der Sottoceneri im Süden dagegen besteht aus einem eher voralpinen Flachland, das sich zur Poebene hin öffnet.

Das Tessin zählt 310000 Einwohner, mit der höchsten Dichte im Raum Lugano–Mendrisio, wo beinahe 60 Prozent der Gesamtbevölkerung wohnen.

Der Tourismus erreicht 15 Prozent des Bruttosozialprodukts und zählt damit, gleich nach dem Dienstleistungssektor, zu den bedeutendsten Wirtschaftszweigen. Er profitiert von der abwechslungsreichen und ausdrucksstarken Landschaft, dem ausgeglichenen Klima, von den zahlreichen kulturellen Gütern und von der hochentwickelten Infrastruktur.

Wegen der bergigen Landschaft sind alle Verkehrsachsen in der Talsohle zusammengelegt. Die Alpentransversale über den Gotthard nimmt den Großteil des Gütertransports auf. Hinzu kommt der lokale Verkehr und die täglichen Fahrten der Pendler aus den benachbarten Grenzgebieten.

»Bruchstücke, Unterschiede, Vielfalt von Landschaften und klimatischen Verhältnissen scheinen die Hauptmerkmale des Tessin zu sein, und die Besucher sind ein ums andere Mal verwundert von dem plötzlichen Wechsel der Formen, der Vegetation, der Kultur und Kleidung, so als solle er die Bandbreite des gesamten europäischen Klimas kennenlernen, von den steilen alpinen Hängen des Gotthards bis zur Hitze der Poebene um Mendrisio. Der Kanton breitet sich auf mehreren hundert Kilometern von den Alpen bis zu den Ausläufern der hügeligen Landschaft aus, die die Poebene einrahmen und die voralpine Seenplatte abschließen. Es ist dies eine geologische Formation, die von Verbano nach Bellinzona verläuft und die Talsohle in zwei Hälften teilt: im Norden der Sopraceneri, der begrenzt wird von den steil ansteigenden Alpen mit ihren bizarren Felsformationen, mit gefalteten, zusammengedrückten und gegeneinander verschobenen Schichten. Im Süden der Sottoceneri, der auf der großen afrikanischen Kontinentalscholle liegt, mit seinem älteren und härteren Gestein, mit weiten, sanften Hügeln.

Eine solche Überlagerung von Bergen und Ebenen erzeugt auf engstem Raum große Höhenunterschiede und sorgt für kontrastreiche Klimazonen. Das Tessin gilt als die Sonnenstube der Schweiz und ist reich an Niederschlägen, es kennt trockene und sonnige Winter, trockene und heiße Sommer, Regenperioden vornehmlich im Frühjahr und Herbst. Das System von Seen und Tälern eröffnet vielfältige Möglichkeiten, die Alpen zu erleben und macht aus dem Kanton eine verkehrsreiche Region mit Durchgangsstraßen und Wegkreuzungen. Seit Urzeiten verlaufen hier Passstraßen über die Alpen und Verbindungen in die Täler von Rhône und Rhein.« (5)

Das Tessin ist ein idealer Platz für die menschliche Besiedlung: es bietet, und dies auch noch in verschiedenen Farben, hohe Felsen als Baumaterial, außerdem einen reichen Baumbestand, dazu ein weitverzweigtes Wassernetz aus Bächen, Flüssen und Seen und eine fruchtbare Ebene.

Es ist eine Landschaft, ein natürlicher Lebensraum, in dem ständig wirtschaftliche und soziale Veränderungen stattfinden.

Die wichtigsten Veränderungen erlebte der Kanton in den Jahren von 1950 bis 1990. In diesem Zeitraum veränderte sich die vorwiegend landwirtschaftlich genutzte Region mit kleinen Städten in ein zersiedeltes urbanes Gewebe, das für die heutige Stadt typisch ist.

Zwischen dem 16. und 19. Jahrhundert zählte die Region zirka 60000 bis 90000 Einwohner. Der »Sopraceneri« bestand aus einzelnen Dörfern, die von Bauern und Hirten bewohnt waren und war bebaut mit rustikalen Steinhäusern, die auf den höher gelegenen Alpenwiesen standen. Der »Sottoceneri« wies kleinere von Bauern und Handwerkern bewohnte Städte auf.

Seit der Zeit nach dem Zweiten Weltkrieg stand das Tessin im Spannungsfeld einer historisch gewachsenen landwirtschaftlichen Struktur einerseits und den ungerichteten Impulsen moderner Entwicklungen andererseits. Die Folge war ein starkes Wachstum mit Spitzen in den sechziger und siebziger Jahren. In den Randzonen großer Städte wie Lugano und Locarno wurden in beträchtlichem Umfang historische Gebäude durch Neubauten ersetzt.

Im Zuge dieser Entwicklung setzten sich neue Wohnungstypen, wie das funktionale Mehrfamilienhaus und das Einfamilienhaus durch. Diese benutzten eine Architektursprache, die an die herkömmliche Bauweise erinnern sollte, in Wirklichkeit aber jeglichen Bezug zu historischen Vorbildern vermissen ließ. Gleichzeitig veränderten sich auch Formen und Benutzungsarten der öffentlichen Räume. Wie in anderen europäischen Ländern sprossen kommerziell genutzte Gebäude aus dem Boden, die sich anfänglich in den historischen Ortskernen ein-

Heinrich Vogtherr der Ältere, Historische Karte des Region Tessin, 1548

nisteten, während man für die Ferienhäuser in den Bergen die leer stehenden alten Steinställe ausbaute.

Die städtische Ausbreitung schien ohne Rücksicht auf Qualität nur auf die quantitative Nachfrage zu reagieren. Dadurch gingen zwangsläufig die Bezüge zur gewachsenen bestehenden Umgebung verloren. Eine Entwicklung, die bis zum Höhepunkt der wirtschaftlichen Krise in den neunziger Jahren unterschiedliche Phasen hatte und auch Folgen für die Tessiner Baukultur mit sich brachte.

Aber wenn man von den Veränderungen des Tessin spricht, darf man seine besondere Rolle als Transitland für Personen, Waren und Werte zwischen Nord und Süd nicht vergessen.

Die Eröffnung des Gotthardtunnels und der damit verbundenen Eisenbahnstrecke 1882 hatte die Entdeckung des Tessin als privilegierten Wohnstandort zur Folge. Das war ein erster Impuls für eine städtebauliche Entwicklung. Die Eisenbahn, die Erschließung der Talsohlen und die damit einhergehende Gebietsreform waren weitere Schritte in Richtung Modernisierung und Neuordnung.

Die Urbarmachung der Magadinoebene 1850 war eine beispielhafte Maßnahme: Dank der Eindämmung des Flusses, dem Bau von Entwässerungskanälen und der Trockenlegung der Felder kann das Sumpfgebiet seither landwirtschaftlich genutzt werden. Es war eine grundlegende wirtschaftliche Wandlung in einer Gegend, die vor diesen Eingriffen von der Nutzung der Berghänge gelebt hatte.

In der Zeit von 1961 bis 1986 wurden insgesamt 140 Kilometer Autobahn gebaut und damit der ganze Kanton erschlossen. Die Autobahn, die sich zur wichtigsten Säule der Mobilität entwickelt hat, ergänzte das bereits bestehende Straßennetz in den Talebenen.

Die Gestaltung der neuen Verkehrsachse wurde Rino Tami übertragen. Wegen der ausschließlichen Verwendung von Stahlbeton als Baumaterial betrachtete er das Autobahnprojekt als Gesamtbauwerk und verwendete deshalb Konstruktionsregeln, die denen eines Gebäudes ähnelten und sich in das Gelände einfügten.

Die Autobahn wurde zu einem Bauwerk, das sich in das bestehende Straßennetz aus Kantonal-, Ortsstraßen und Fußgängerwegen eingliedert. Deshalb liegt auch die Verkehrserschließung des Tessin in dessen Längsachse von Chiasso nach Airolo. Ein Verlauf, der dem historischen Verbindungsweg vom Tal in die Berge folgt und durch die neue Mobilität wirtschaftliche Entwicklung fördert. Es entstand so ein dichtes Geflecht, das der Mobilität und der Nutzung der Region dient.

Rino Tami – Autobahntrasse Biaschina (*tracciato biaschina*)

Carl Weidemeyer – Teatro San Materno, Ascona 1927–28

Carl Weidemeyer – Teatro San Materno, Ascona 1927–28

»Es ist in der Tat das dichte Netz des Individualverkehrs, das die diffuse Stadt, manchmal auch Anti-Stadt genannt, bestimmt und in gewissem Sinn auch organisiert. Der Begriff »diffuse Stadt« wird verwendet, um die Tatsache zu betonen, dass in diesem städtischen Gefüge das ursprüngliche Verhältnis von Stadt und Land unwiderruflich verloren gegangen ist. Ein Besucher dieser territorialen Strukturen muss sich gezwungenermaßen an dem, was von den Zentren und alten Ortskernen übrig geblieben ist, orientieren, um noch mit gewisser Berechtigung Begriffe wie Stadt, Dorf, Siedlung, Platz usw. verwenden zu können. Die diffuse Stadt verbreitet sich überall hin, auch in die hintersten Täler und auf die höchsten Berge. Diese Gebiete dienen nicht der Produktion, sondern vielmehr dem Konsum und der Erholung. Diese Orte werden vor allem in der Freizeit aufgesucht: am Wochenende, in den kurzen Zwischenferien und in den langen Sommerferien.

Die für den Wintersport geeigneten Hänge werden mit Seilbahnen, Lifteinrichtungen und Hütten erschlossen. In landschaftlich reizvollen Gebieten werden die Straßen, Wald- und Wanderwege wieder benutzbar gemacht. Die Jagd und die Fischerei in Tälern und auf Bergen werden von Bürgern, im Gegensatz zu früher, in kontrollierter und technisierter Weise ausgeübt. Man kann also feststellen, dass das alte Territorium der Bauern und Hirten zu einem unentbehrlichen Bestandteil der Stadt geworden ist, mit spezifischen Aufgaben und entsprechenden Einrichtungen.« (6)

DER DIALOG MIT DER LANDSCHAFT – MUSTERBEISPIELE:

Im Tessin zu arbeiten, bedeutet für einen Architekten, sich mit unterschiedlichen und eigenwilligen Orten auseinander zu setzen. Wo der Talgrund immer dichter besiedelt wird und die Bebauung an den Bergen hochklettert, bestehen nebeneinander natürliche und künstlich geschaffene Anforderungen. Besonders die Bautätigkeit an den Berghängen im natürlichen Raum machen eine Auseinandersetzung mit der Landschaft unumgänglich. Die Architekten sind ständig gefordert, einen konstruktiven Bezug mit der jeweiligen Umgebung zu suchen.

In der folgenden kurzen Zusammenstellung werden Musterbeispiele aufgeführt, die für die geforderten Bezüge mit der Landschaft beispielhaft sind:

Der persönliche Standpunkt, die innere Harmonie, die Idealisierung und Inszenierung der Landschaft: In Ascona hat der Eklektiker Carl Weidemeyer zwischen 1928 und 1935 außer dem Theater San Materno acht Villen gebaut, die sich durch die klare Formensprache und gleichzeitig durch eine hohe Sensibilität im Umgang mit der Landschaft auszeichnen. Sie gehören zu den ersten Zeugnissen moderner Architektur im Tessin. In erster Linie aber interessiert uns, wie Bruno Reichlin hervorhebt, der intellektuelle Standpunkt des Gartenarchitekten und Landschaftsplaners Carl Weidemeyer.

»Bei seiner Arbeit geht er nicht von innenräumlichen oder konstruktiv modernen Überlegungen aus. Ausgangspunkt scheinen seine bildhauerischen und malerischen Fähigkeiten zu sein, die das Motiv und den Blickwinkel suchen, um dann den Ort und die Architektur wie eine Landschaft, oder, besser noch: wie eine Skulptur, zu gestalten. Eine Landschaft oder Skulptur, die dann in ihrer Prägung diesen oder jenen gewählten Standpunkt aufzeigen.« (7)

Von 1963 bis 1983 war Rino Tami mit der Planung und Bauleitung der Autobahn betraut, die das Tessin durchquert.

Zuerst hat Tami eine Formensprache für den Bau einer Verkehrsarchitektur entwickelt, die Bestandteil der Landschaft wird. Seine Vorstellungen gingen allerdings weit über die eigentlichen Erfordernisse einer Infrastruktur hinaus. Man muss ihnen aber zugestehen, dass sie für eine alpine Landschaft Gültigkeit besitzen. Rino Tami war sich bewusst, dass die Realisierung einer solchen Konzeption grundsätzlich die Veränderung einer empfindlichen und vielfältig strukturierten Landschaft nach sich zieht. Es handelt sich hier nicht nur um den Bau einer neuen Infrastruktur, sondern um die Schaffung eines neuen urbanen Raumes.

»Eine Autobahn in der Berglandschaft ist mit einigen formalen Schwierigkeiten verbunden. Sie erfordert grundsätzlich unterschiedliche Bauteile, wie Trassen, Brücken, Viadukte und Tunneleingänge. Gleichzeitig werden Gebäude für den laufenden Betrieb, wie Raststätten, Motels und Betriebsgebäude notwendig, die in einer landschaftlich empfindlichen Zone nur mit Schwierigkeiten angesiedelt werden können. Jeder bauliche Eingriff des Menschen in der Natur verändert das ursprüngliche Aussehen und wird zu einem architektonischen Werk, das neue Formen und räumliche Beziehungen herstellt, und je nach Ausführung eine ästhetische Bereicherung oder Verschlechterung der Landschaft mit sich bringt.

Die Autobahn sollte in ihren grundlegenden Elementen und den dazugehörenden Anlagen und Einrichtungen nicht als Summe von unterschiedlich gearteten Einzelbauwerken in Erscheinung treten, sondern als ein harmonisches Ganzes. Sie ist ein einheitliches Gesamtbauwerk und als solches unauffällig in die Landschaft, die sie durchquert, eingefügt.

Dieses riesige Wegenetz, das die Ebenen und die Bergregionen überspannt, das Ergebnis einer technischen, finanziellen und menschlichen Anstrengung, ist daher ein exklusives Werk unserer Zeit und als solches soll es ein geltendes und eindrucksvolles Zeichen unserer Epoche darstellen, ein positives Zeugnis unserer ästhetischen Sensibilität und unserer Rücksicht auf die Landschaft, kurz: unserer kulturellen Reife gegenüber der Nachwelt.« (8)

1961 baut Franco Ponti eine Reihe von Einfamilienhäusern in einer künstlich angelegten Bucht des Luganer Sees. Es handelt sich um das Quartier »San Michele« in Caslano. Sieben Gebäude mit unterschiedlicher Form und Größe, ein richtiges Dorfgefüge, aber doch miteinander verbunden durch einen starken lebendigen Gemeinschaftssinn. Jedes Haus stellt auf seinem Baugrund ein unverwechselbares Gebilde dar, eine Form, die der topografischen Situation gerecht wird. Deutlich ist zu erkennen, dass Ponti der Schule F. L. Wrights angehörte.

Die Häuser in Caslano – jedes einzelne aus Naturstein, Holz und mit Satteldach – werden als harmonischer Eingriff wahrgenommen, bei denen der Architekt sich, außer um die einzelnen Gebäude selbst, besonders um den Außenraum und den Bezug untereinander gekümmert hat. Besonders die Geometrie der Natursteinwände, die diese Räume prägen und abschließen, steht eigentlich in Kontrast zu den natürlichen Formen, die das Wasser geschaffen hat. Aber hier fällt eine neue, vom Menschen geschaffene Natürlichkeit auf, die die Erinnerung an die ursprüngliche, von der Kraft des Wassers modellierte Landschaft bewahrt.

Zu diesem Thema schrieb F. L. Wright:

»Auflockern und zusammenfügen: erst wenn unter diesem Gesichtspunkt Einmütigkeit besteht, wird Demokratie entstehen. Dazu bedarf es eines energischen und freiheitsliebenden Volkes, das durch die genaue Kenntnis der Natur geleitet wird; das natürliche Methoden und alle diese Baustoffe angewendet, die von den Vertretern der organischen Architektur benutzt werden; das die Kunst und die Wissenschaft und die Religion in seine Überlegungen einbezieht; das unsere neuen Erkenntnisse anwendet: nur ein solches Volk oder eine ähnliche Autorität wird daraus eine unzerstörbare Macht, eine unüberwindbare Verteidigung aufbauen. Die Architektur und der Raum werden gemeinsam wie eine Landschaft betrachtet, bedingen sich – wie zur Zeit der Antike – wechselseitig. Die große Architektur wird sich in Gestalt einer hochentwickelten Kultur offenbaren.« (9)

Die Eigenständigkeit des Gebäudes ist eine klare Zuwendung zu den Geboten der modernen Architektur, der Anspruch, einen handwerklichen Gegenstand mit unverwechselbarer Identität zu schaffen:

Franco Ponti – Quartier San Michele in Caslano

Haus G und H, Haus F

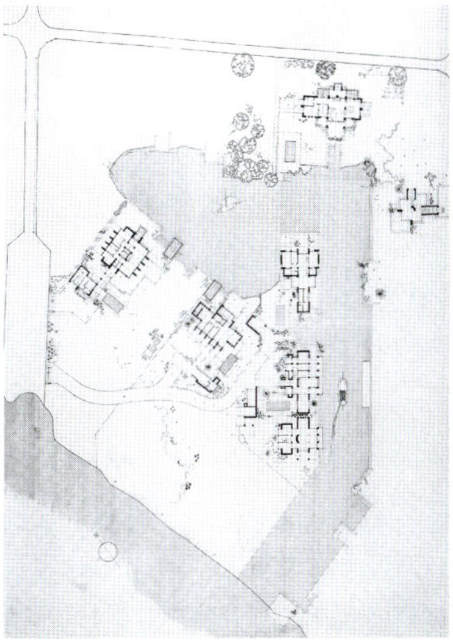

Gesamtplan der Anlage

Rino Tami – Viadukt Biaschina (ganz oben), Gotthardtunnel Einfahrt Süd oben)

Das Haus Rotalinti (1960–1961), von Aurelio Galfetti ganz in Sichtbeton gebaut, präsentiert sich als klarer geschlossener Baukörper, der an verschiedenen Stellen aufgebrochen wurde und deutlich sichtbar in dem steil abfallenden Hang verankert ist. Die Kompaktheit, die reduzierte Formensprache waren von Anfang an Bestanteil des architektonischen Entwurfs.

»Ich habe mir zur Aufgabe gemacht, die wichtigen Merkmale der Landschaft durch die Konstruktion zu interpretieren, hervorzuheben und ablesbar zu machen. Das Haus sollte grau sein wie ein Felsen (natürlicher Sichtbeton), der zwischen Büschen und Bäumen hervorscheint. Es sollte einfach sein, mit vier Ansichten, wie ein Kastell, zerfallen wie eine Ruine, unvollendet.« (9a)

So eindeutig und klar ist der Anblick des Gebäudes in seinem Gelände.

»Es steht heute noch einsam in der Landschaft, wie ich es 1959 geplant habe. Ein großer grauer Fels, viereckig, auf einer Seite eingefallen, ein ›unvollendeter Klotz‹, wie die Ruine eines Kastells.« (10)

Im Haus Kalmann (1974–1976) in Locarno hat Luigi Snozzi einen Weg vorgezeichnet, der durch das ganze Haus bis zu einem gedeckten Sitzplatz führt, einem exponierten Punkt, von dem aus sich ein einmaliger Blick über das tiefer liegende Tal, über den See und die Stadt öffnet.

Snozzi nimmt die Form des Geländes auf und verändert es sehr geschickt. Er folgt dem topografischen Hangverlauf und bezieht ihn als ordnende Leitlinie in die Geometrie des Hauses mit ein. Das Gebäude spielt dadurch die Rolle eines Interpreten der natürlichen Landschaft.

»Man muss auf der Tatsache bestehen, dass dieser Reichtum und diese Fähigkeit der Eingriffe – geleitet von der Vorstellung des Bauens einer Landschaft – nicht ausschließlich, wie man glauben könnte, über die Größe des Eingriffs herbeigeführt wird; diese Annahme hat einen besonderen Reiz, aber ihre besondere innere Qualität ist die Entdeckung und Annahme der Welt als einer Materie, die durch die Architektur ganzheitlich gestaltet wird.

Dieser Ansatz, frei von irgendwelchen architektonischen Gesten in größerem Maßstab, gesteht allen diesen Gesten eine neue Bedeutung zu.

Es ergibt sich so, völlig verschieden von dem Eingriff der Erweiterung, der lange Zeit den Städtebau bestimmt hat, eine städtebauliche Entwicklung, die vom Einzelentwurf ausgeht. Der gleiche Entwurfsvorgang, nicht nur bei der Gestaltung der Umwelt, kann beispielsweise angenommen werden als die Kontrolle über den fortlaufenden Prozess einer sich ständig ändernden Umwelt und Neugestaltung seiner Geografie.« (11)

Das Projekt als Signal für Kreativität: der Architekt als Gestalter für den Lebensraum des Menschen und für die Menschen selbst, die Notwendigkeit, sich mit den Bergen auseinander zu setzen, sie zu verstehen und zu respektieren, aber auch die Aufgabe, sich vor ihnen zu schützen und eine Form des Widerstands zu finden, die Ausdruck des heutigen Lebens wird; eine Einsicht, die, hervorgehend aus den ethischen Überlegungen zur eigenen Arbeit, zum Motiv für eine konkrete Tätigkeit wird: Alle diese Elemente zeichnet der Entwurf von Mario Botta für die Kirche San Giovanni Battista in Mogno (1986–1996) aus, denn dies war zweifellos ein Vorhaben, das Mut und Kraft verlangte und auch einen Kampf gegen die Naturgewalten bedeutete.

»Bei meinem Besuch ist mir bewusst geworden, dass die Abgeschiedenheit dieses Dorfes, im Gegensatz zum schnelllebigen Rhythmus des heutigen Zeitgeschehens, die Gelegenheit bietet, die Grundwerte auszudrücken und zu verdeutlichen, die die Architektur im öffentlichen Leben vertreten soll.

Die von einer Steinlawine zerstörte Kirche enthielt eine symbolische Bedeutung für die ganze Gemeinde: es war der Ort des Gebets, aber auch öffentlicher Platz, Ort der Begegnung von Lebenden und Toten. Nach diesem Besuch habe ich mich als Teil dieser Gemeinde gefühlt, habe meine Bereitschaft angeboten, mich um das Projekt zu kümmern, zur Erinnerung an die Kirche von gestern und die Lawine von heute.

Dann, später, bei der täglichen Arbeit am Projekt, habe ich viele Überlegungen angestellt, die ich mit Maß und Ziel verfolgt habe. Ich habe Gefallen daran gefunden, eine gemauerte Natursteinwand aus dem gleichen Stein, der die Kirche zerstört hat, zu bauen und zu gestalten. Dieser Stein erzählt auf direkte Art und Weise von dem Gefühl von Schutz und Schwerkraft, dem ureigensten Sinn des Bauens. Ich habe über einem elliptischen Grundriss eine Kapelle entworfen, die durch den Vertikalschnitt aus einer komplexen in eine einfache Geometrie überführt wird. Ich habe von oben einfallendes Licht vorgesehen, um den Geist einer Ruine hervorzurufen, sodass der Besucher sich in einem Raum zwischen Himmel und Erde wähnt. Ich habe versucht, Baustile der Vergangenheit zu vermeiden, indem ich die Sensibilität und Kultur unserer Zeit als natürliche Fortsetzung einer großen Vergangenheit ausdrücken wollte.« (12)

DAS PROJEKT ALS KATALYSATOR

Wenn sich in den zitierten Fällen die Entwürfe auf örtliche Analysen und Bezüge stützen, dann wirken sie, sofern sie genügend Überzeugungskraft und Format besitzen, im überregionalen Zusammen-

Aurelio Galfetti – Haus Rotalinti, Bellinzona 1960–61

hang wie unverzichtbare Katalysatoren. Es sind Gebäude, bei denen sich die Bebauung der Landschaft nicht auf ein einfaches Zurückgreifen auf romantische Vorstellungen – die vielleicht nie wirklich existiert haben – reduziert oder die die Formen und Baustoffe einer nostalgischen pittoresken Tradition nachahmen.

Es handelt sich um Bauten, die auf eine eigene Identität nicht verzichten wollen, bei denen es in erster Linie – abseits von formalen und sprachlichen Eigenheiten – um das Ziel geht, sich mit der Landschaft auseinander zu setzen, daran bewusst teilzuhaben, ja geradezu die Mechanismen der Veränderung mitzubestimmen.

Es sind Bauwerke, die aus einer eher pragmatischen als ideologischen Geisteshaltung hervorgehen, wo die Tat das theoretische Denken überwiegt. Dies entspricht einer im Tessin üblichen Lebensauffassung, dass nämlich die geleistete Arbeit den Wert des theoretischen Gedankens nachträglich erhöht.

Es ist der allgemein anerkannte Lauf der Dinge, der normalerweise die in sich schlüssige Logik eines ganzen Ordnungsgefüges auszeichnet.

Um eine Leitlinie zu erkennen, die sich zielstrebig und zusammenhängend durch die Entwicklungsgeschichte der Landschaft hindurchzieht, bis in unsere heutige Zeit und ihre aktuellen Themen, ist es angebracht nochmals auf den Ansatz von Luigi Snozzi zurückzukommen, auf seine Fähigkeit, das Territorium als Ganzes zu begreifen. Für ihn ist selbstverständlich, dass der Entwurf für ein Gebäude dieses in erster Linie als Vermittlungselement in der Landschaft betrachtet und nicht nur als formalen Ausdruck einer autistisch-ästhetischen Übung.

Nach Snozzis Auffassung nimmt das Gebäude den Ort, an dem es gebaut wird, in sich auf und wirkt gleichzeitig mit, ihn neu zu gestalten. Es wird gewissermaßen zu einem Seismografen, der die Veränderungen des Geländes und die Phasen dieser Veränderungen anzeigt. Dieser Bebauungsgrundsatz ordnet die Bezüge zwischen dem Gebauten und der Umgebung, in welche es sich einfügt.

Snozzi interessiert sich, wie das Beispiel von Monte Carasso zeigt, für eine Raumplanung, die fähig ist, die ständigen Veränderungen zu erkennen und darauf zu reagieren. Er denkt dabei an eine städtebauliche Planung als einen Prozess der Verwandlung und sicher nicht als eine Anwendung von bürokratischen Bestimmungen.

Der Architekt Alberto Camenzind äußerte sich zu Snozzis Thesen wie folgt:

»Seine Untersuchungen zum Thema Raumplanung sind meines Erachtens besonders aufschlussreich, und wegweisend für die Architektur der Zukunft. Er ist für eine Architektur gegen die reglementierte, aber für die geplante Stadt.« (13)

WELCHES TESSIN – DIE NEUEN PROBLEMSTELLUNGEN UND DIE EINGRIFFSSTRATEGIEN

Es bleibt die Frage offen, zu welchen Aufgaben die neuen Architekturgenerationen, die im Tessin arbeiten, aufgerufen werden. Man kann generell bejahen, dass die heutige Aufgabe der Architektur darin besteht, sich der zentralen Lage inmitten des konstanten Verwandlungsprozesses des Territoriums wieder bewusst zu werden. Um dies zu erreichen, muss man berücksichtigen, dass sich die technischen Hilfsmittel des Architekten sowie der Rahmen der professionellen und disziplinären Kompetenzen geändert haben. Ein zeitgenössischer Architekt sollte seinen kulturellen und beruflichen Horizont erweitern, bereit sein, das Wissen verschiedener Disziplinen aufzunehmen und den Zusammenhang herzustellen. Denn es ist Sache des Architekturentwurfs, die verschiedenen Fachbeiträge anzufordern und zu organisieren.

Vor allem aber ist es wichtig, den Architekturentwurf als eine Sonde zu betrachten, die fähig ist den Geist des Ortes aufzuspüren, die Einpassung als primäres Thema zu erkennen und eine Strategie zu bestimmen, die auf das Miteinander von Natur und Architektur ausgelegt ist. Immer besser sollte man erkennen, welche tiefen und nützlichen Beziehungen zwischen den neuen Elementen der vermenschlichten Landschaft und der natürlichen Umgebung bestehen. Es sind Beziehungen, die ein verändertes Umweltbewusstsein und eine weitergehende Kompromissbereitschaft voraussetzen. Denn das Territorium ist nicht eine Gegebenheit, sondern das Resultat verschiedener Prozesse natürlicher und menschlicher Art.

Es sind Prozesse, die daran beteiligt sind, aus dem natürlichen Territorium einen immer wieder neu modellierten Raum zu schaffen, etwas Künstliches, ein gebautes Produkt. Deshalb ist es wichtig, alle zu seinem tieferen Verstehen beitragenden Bedingungen, von den Zeichen, die in der Geschichte ruhen, zu den geomorphologischen, mikroklimatischen und landschaftlichen, zu erkennen und zu deuten. Die Bebauung der Landschaft ist im Wesentlichen ein territorialer Entwurf, der die Realität, in der wir leben, zum Ausdruck bringt. Es geht im Prinzip darum, ein Projekt der Landschaft und nicht ein Projekt in der Landschaft zu schaffen. Nur auf diese Weise wird die Konstruktion des Territoriums Identitätselement der dort lebenden Menschen.

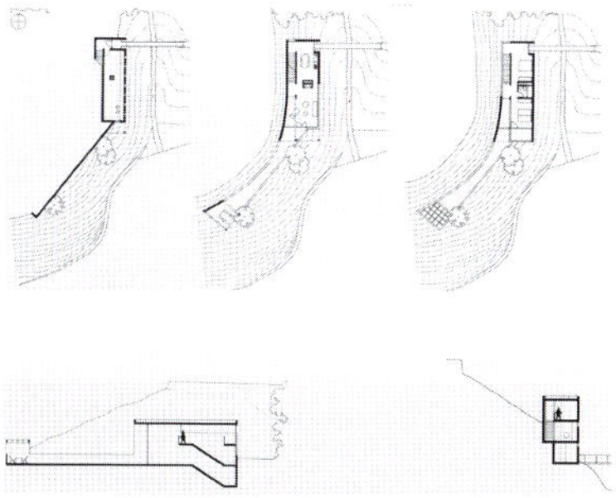

Luigi Snozzi, Haus Kalman in Brione s/Minusio 1976; Grundrisse und Schnitte

Mario Botta – Kirche San Giovanni Battista in Mogno-Fusio, Maggiatal 1986–96 Fotografie von Enrico Cano/Pino Musi

»Ich stelle fest, dass man vermeintlich interessante Gebäude baut, während sich die Landschaft unwiederbringbar verändert. Ich dagegen glaube, dass die Vorgehensweise der Architektur in der Suche nach Außenräumen und den Beziehungen der Bauten untereinander besteht. Unmittelbar zwischen Gebäude und Landschaft, denke ich, gibt es noch eine ganze Welt, die vom Architekten erst noch entdeckt werden muss.« (14)

Die Äußerungen von Alberto Camenzind enthalten eine noch immer aktuelle Dringlichkeit. Sie raten in pragmatischer Weise, wo mit dem Eingreifen begonnen werden soll, um die Bebauung der Landschaft weiterzuführen.

Die zusammengetragenen Beispiele der aktuellen Produktion der Tessiner Architektur haben nicht den Anspruch, einen kompletten Katalog des heutigen Schaffenspanoramas im Tessin aufzuzeigen. Der Auswahl liegt auch keine wie auch immer geartete Rangfolge der präsentierten Arbeiten zu Grunde. Es werden vielmehr verschiedene Ansätze dargestellt, die zeigen, wie die heutige zeitgenössische Problematik wahrgenommen wurde und welche Lösungen dazu entstanden sind. Es sind unterschiedliche Interpretationen von Möglichkeiten und Versuchen, Zeichen und Spuren in das aktuelle Zeitgeschehen zu übertragen.

Es geht weder um eine Abhandlung von Stil und Architektursprache noch um deren Bezug zu der zeitgenössischen Produktion. Es handelt sich einfach um eine Zusammenstellung von Lösungen, die an die besonderen Bedingungen ihres Standorts gebunden sind. Es sind Bauten, die eine ***condizione critica*** – eine kritische Gegebenheit – untersuchen und nach einer angemessenen Aufwertung des Ortes streben, mit der damit verbundenen Schwierigkeit, neuen und nicht leicht erkennbaren Räumen einen Sinn zu geben.

»Das individuelle Haus betrachtend: Dieses Haus wird eine organische Verbindung mit der Landschaft haben, mit den Kommunikationsmitteln, mit der Verteilung der Konsumartikel, mit den Schulmöglichkeiten und den kulturellen Angeboten. Alles das, was wir uns jetzt, aus der Ferne, leicht vorstellen können.« (15)

(1) Raffaele Milani, *L'arte del paesaggio,* Bologna 2001, p. 39

(2) Aurelio Galfetti, La città Ticino, in: *Rivista Tecnica della Svizzera italiana,* n. 4, 1996, p. 38

(3) Mario Botta dichiarazione in Jacques Lucan, La lezione del Ticino, in: Peter Disch, *Architettura recente nel Ticino 1980–1995*, Lugano 1996, p. 4

(4) Aurelio Galfetti, Progetto e territorio. Il Progetto Alptransit Ticino, in: Aurelio Galfetti e Letizia Tedeschi, *Progetto e territorio,* Mendrisio 2001, p. 84

(5) Raffaello Ceschi, Il territorio e gli abitanti, in: *Raffaello Ceschi, Storia del Cantone Ticino – L'ottocento,* Bellinzona XXX, pp. 16–18

(6) Tita Carloni, La grande trasformazione del territorio, in: Raffaello Ceschi, *Storia del Cantone Ticino – il Novecento,* Bellinzona XXX, pp. 690–91

(7) Bruno Reichlin, Paesaggio con architetture di Carl Weidemeyer, in: Bruno Maurer e Letizia Tedeschi, *Carl Weidemeyer 1882–1976. Artista e architetto tra Worpswede e Ascona,* Mendrisio 2001, p. 115

(8) Rino Tami, L'autostrada come opera d'arte, in: Tita Carloni, *Rino Tami. 50 anni di architettura,* Bellinzona 1984, pp. 122–123, 125

(9) F. L. Wright, *La città vivente,* Torino 1991, Einaudi, pp. 70–94

(10) Aurelio Galfetti, Architettura, in: R. Maserio, *Architettura in Ticino*, p. 46

(11) Vittorio Gregotti, *Il territorio dell'architettura,* Milano 1966, pp. 82–83.

(12) Mario Botta, *Quasi un diario,* Firenze, 2003, p. 132

(13) Intervista ad Alberto Camenzind, in: *Rivista Tecnica della Svizzera italiana,* n. n. 1–2, 1992, p. 27

(14) Intervista ad Alberto Camenzind, in: *Rivista Tecnica della Svizzera italiana,* n.n. 1–2, 1992, p. 26

(15) F. L. Wright, *La città vivente,* Torino 1991, Einaudi, p. 76

MARIO BOTTA ■ DIE JUNGE ARCHITEKTURSZENE IM DIALOG

Kapelle *Santa Maria degli Angeli*, Monte Tamaro, Tessin 1996

MART Museum für moderne und zeitgenössische Kunst, Rovereto, Italien 2002

Kyobo Tower in Seoul, Südkorea 2003

Kirche in Seriate, Bergamo, Italien 2004

Es sind dreißig Jahre vergangen, seit sich eine heterogene Gruppe Tessiner Architekten in einem Katalog und in der Ausstellung: »Tendenzen – neuere Architektur im Tessin« (ETH Zürich 1975) gemeinsam vorgestellt hat. Jetzt, im Abstand von einer Generation, zeigt die vorliegende neue Publikation, wenn auch nur in Teilen und ohne Anspruch auf Vollständigkeit, eine schöne Werkauswahl, einen neuen Überblick über das Architekturpanorama im Tessin. Es stellt neue Architektur einem historischen und geografischen Territorium gegenüber, das eine eigene Identität besitzt.

Das Tessin ist im Schweizer Gefüge der einzige Kanton, der sich ganz auf der Alpensüdseite befindet und sich bis zum Rand der Mailänder Metropole erstreckt. Alle in diesem Band vorgestellten Projekte liegen im Tessin. In den meisten Fällen handelt es sich um Privathäuser (Einfamilienhäuser, Umbauten, Erweiterungen) und um einige öffentliche Einrichtungen. Die Architekten sind mit Eifer und Entschlossenheit angetreten, den Dialog mit einer neuen, aufgeschlossenen Bauherrenschaft aufzunehmen. Diese war bereit, in einem politisch-kulturellen Umfeld, wo das scheinbar Antike und Kitschige verehrt wird, sich von einer modernen Architektursprache überzeugen zu lassen.

Es ist beeindruckend, welche Sicherheit und Reife im Ausdruck die präsentierten Arbeiten zeigen, welch große architektonische Qualität aus ihnen spricht, wie sie in der besten Tradition moderner Baukultur (Stichwort Post-Bauhaus) stehen. Die konstruktive Strenge, die geometrische Klarheit als Grundelement des Baukörpers, die Ausdruckskraft der gewählten Materialien und die Wirtschaftlichkeit der eingesetzten Mittel: das sind die gemeinsamen Nenner all dieser Bauwerke.

Es ergibt sich alles in allem ein sehr positives Bild der Tessiner Architektur, und trotz der nicht immer einfachen Rahmenbedingungen, trotz einengender Bauvorschriften und allgemeiner Verflachung der Landschaftsqualität eröffnen sich in mancher Hinsicht Möglichkeiten der Weiterentwicklung und Verbesserung. Die Abbildungen der zusammengestellten Auswahl zeigen deutlich, wie alle jüngeren architektonischen Eingriffe zu einer nachhaltigen Aufwertung der Umgebung geführt haben. Es wird offenkundig, dass die Qualität nicht nur ein Kriterium für die einzelnen Bauwerke ist, sondern dass diese selbst als Instrument dienen, die Qualität der Umwelt zu gestalten und zu interpretieren.

Die Fähigkeit, sich mit den geschichtlichen und natürlichen Gegebenheiten auseinander zu setzen, ist zweifellos die wichtigste Eigenschaft dieser neuen Bauten.

Die Architekten beschäftigen sich, über die technisch-funktionalen Antworten hinaus, mit den räumlichen Beziehungen und mit metaphorischen und symbolischen Werten, über die die Architektur ihre eigene Existenzberechtigung findet und sich als Zeichen des Menschen im Dialog mit der Landschaft bestätigt. Im engen Bezugsgeflecht von Geben und Nehmen zwischen Baukunst und Umwelt behaupten diese Architekten einen eigenen Platz und schlagen für den Umgang mit der Landschaft eine neue Werteordnung vor. Ihre Bauten strahlen so viel Reife und Souveränität aus, dass man nur wünschen kann, die vor uns liegende Bildfolge möge für alle diejenigen Betrachter Anregung und Ermunterung sein, die in ihrer eigenen Arbeit einen Beitrag zur Verbesserung der Lebensqualität des ganzen Landes sehen.

Die Kontraste, die sich aus der geometrischen, linearen und klaren Formensprache dieser Architekten entwickeln – ein plastisches Wechselspiel der Gegensätze zwischen geöffneter und geschlossener Wand –, lassen die voralpine Landschaft majestätisch und gewichtig erscheinen. So entstehen kontrollierte Ausblicke auf die Umgebung. Ein ähnlicher Prozess zeigt sich bei der Gegenüberstellung des historischen Gebäudebestands mit der neuen Architektur. Hier ergeben sich für den Betrachter völlig neue Standpunkte.

Die zeitgenössische Architektur ist zweifellos auf dem besten Weg, eine menschengerechte Umgebung, in der Tradition und Geschichte des Kantons Tessin, beispielhaft zu gestalten. Die gezeigten Gebäude sprechen von der Spannung und dem Mut, die für die Arbeit eines Architekten erforderlich ist. Sie weisen darauf hin, dass qualitätvolle Architektur in erster Linie eine ethische und nicht eine ästhetische Aufgabe ist.

Die allmählichen Veränderungen in unserer Umgebung zeigen die Geschichte, die Auseinandersetzungen und die Hoffnungen unserer Zeit.

Ich glaube, dass die jungen Architekten für spätere Generationen Vorbild sein werden.

UMBAU UND SANIERUNG
WOHNHAUS

UMBAU UND SANIERUNG WOHNHAUS

NICOLA BASERGA + CHRISTIAN MOZZETTI

ANBAU WOHNHAUS IN ARBEDO

2002

Der kleine Ort Arbedo liegt unmittelbar am Kreuzungspunkt der Autobahnen in Richtung Gotthardmassiv und San Bernadino. Als nördlicher Vorort von Bellinzona ist der historische Ortskern umlagert von belanglos aneinandergereihten Wohnquartieren, im Wechsel mit gewerblichen Anlagen und den Zubringern zu den Autobahnen und zur benachbarten Kantonshauptstadt.

Die Erweiterung eines bestehenden Wohnhauses, das, wie für die siebziger Jahre typisch, erdgeschossig organisiert war, war die gestellte Aufgabe. Während das auf einem Geschoss organisierte ursprüngliche Wohnhaus auf den eigenen Garten ausgerichtet war, sollte der erweiterte Bau mit der umgebenden Landschaft in Dialog treten. Mit seiner Höhe ermöglicht das neue Haus unterschiedliche Ausblicke aus dem Quartier und hebt es gleichzeitig aus seiner Anonymität im bestehenden urbanen Gewebe heraus. Obwohl die Maßnahme nur einen kleinen Eingriff darstellt, ist die Art und Weise des Anbaus darauf angelegt, wahrgenommen zu werden.

Das Haus ist über drei Geschosse organisiert, Wohnen im Erdgeschoss und Schlafräume in den beiden Obergeschossen. Im Innern weisen die Räume unterschiedlich große Fensteröffnungen auf, die außen wandbündig eingesetzt sind. Der Innenbereich wird dadurch optisch erweitert.

Das gesamte Gebäude ist als Holzkonstruktion vorfabriziert und steht auf einem zum Grundstück leicht angehobenen Betonsockel, der in seiner Verlängerung das ebenfalls neu errichtete Schwimmbad einfasst.

Der Neubau kann zu einem späteren Zeitpunkt als unabhängige Einheit genutzt werden.

Lageplan

Auf der Gartenseite erhebt sich der klare dreigeschossige Holzkubus über einem betonierten Sockel. Die Fassade ist gegliedert in ein verglastes Erdgeschoss und zwei darüber liegende geschlossene Schlafebenen.

Rechts: Fassadendetail mit vorgesetzter Laibung und innen angeschlagenen Fensterrahmen.
Unten: In den unterschiedlichen Ebenen sind die Fenster in verschiedene Richtungen orientiert.

Die Treppenhausfenster liegen tief in der Laibung, während die Fenster der Zimmer zur Wohnraumerweiterung außen angeschlagen sind.

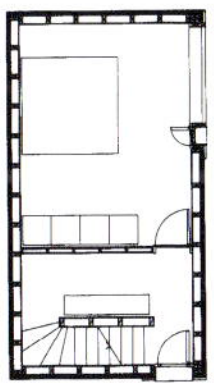

Untergeschoss

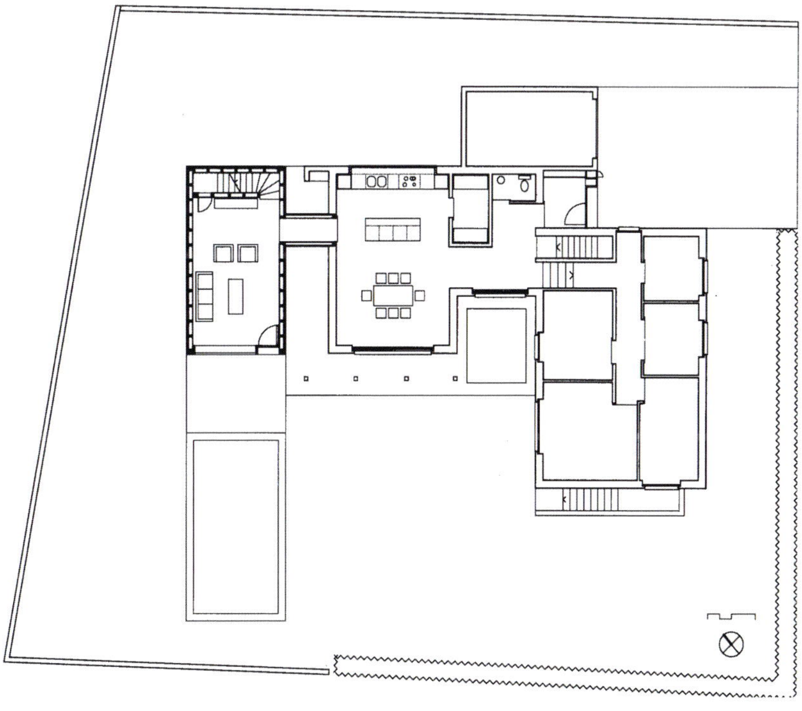

Grundriss Erdgeschoss

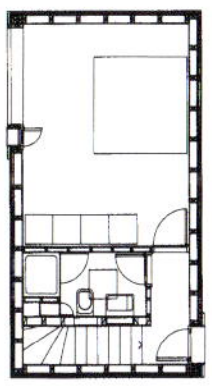

Obergeschoss

UMBAU
UND SANIERUNG
WOHNHAUS

NICOLA BASERGA + CHRISTIAN MOZZETTI

AUFSTOCKUNG WOHNHAUS IN GORDOLA

2002

Die erneute Aufstockung einer bereits mehrfach umgestalteten zwei Stockwerke hohen Steinscheune war die kleine Aufgabe im Ortskern von Gordola nahe Locarno.

Die ursprüngliche Scheune ist bis heute an den sichtbar belassenen Natursteinwänden zu erkennen. Die Aufstockungen wurden in verputztem Mauerwerk ausgeführt.

Dem Anliegen der erneuten Erweiterung wurde dadurch begegnet, dass der alte Natursteinsockel erhalten blieb und die neueren Bauteile einheitlich hinter einer neu gestalteten Putzfassade zusammengeführt wurden.

Das so gestaltete Wohnhaus erzählt dem Betrachter seinen zeitlichen Werdegang, vom Ursprung zur Gegenwart, von Alt und Neu.

Im Innenraum ist auf einer kleinen Fläche von 4,80 x 5,50 Metern Wohnen über drei Geschosse inszeniert. Mit sorgfältig studierten und maßgefertigten Einbaumöbeln und Raumteilern wurde auf kleinster Fläche zeitgemäßes Wohnen ermöglicht.

Die farbige Einbauküche im Erdgeschoss, das Sideboard und das Treppenelement im ersten Obergeschoss und der Einbauschrank im Dachgeschoss charakterisieren die jeweilige Wohnebene und ermöglichen eine optimale Ausnutzung der relativ kleinen Wohnfläche. Rechte Seite: Über dem alten Natursteinsockel erhebt sich das neu gestaltete Wohnhaus als schlichter Putzkörper.

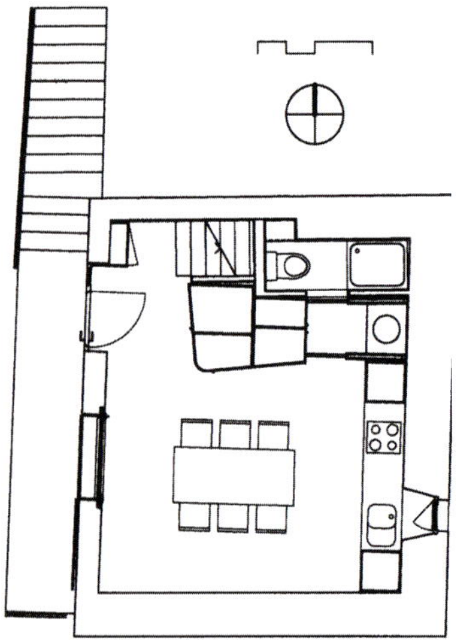

Grundriss Erdgeschoss

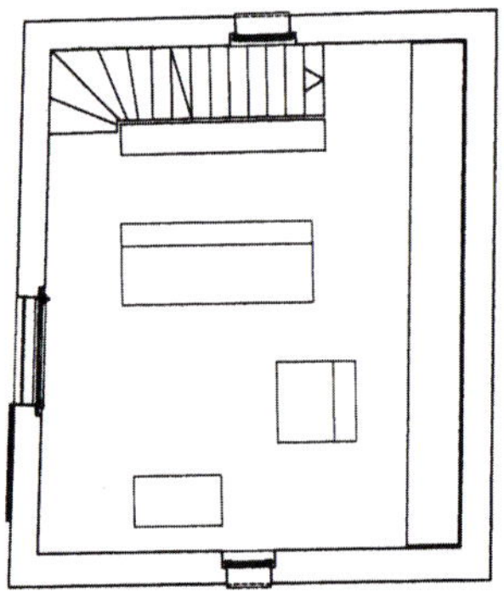

1. Obergeschoss

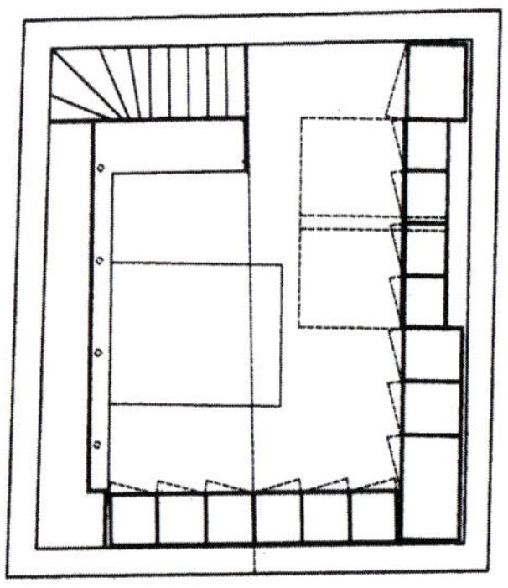

2. Obergeschoss

MARIO FERRARI – MICHELE GAGGETTA – STEFANO MOOR

NEUGESTALTUNG WOHNHAUS IN CUREGLIA

1996–1999

Das umgebaute Wohnhaus liegt im Ortskern von Cureglia. Nach Süden schließt sich der Dorfplatz an, nach Norden die erst vor kurzer Zeit entstandenen öffentlichen Grünanlagen. Ursprünglich bestand die Liegenschaft aus einem einzigen Gebäude, das später mit Stallungen ergänzt wurde. In einer weiteren Bauphase wurde der Stall in Wohnungen umgewandelt und die beiden Bauteile durch ein Treppenhaus verbunden. Der Entwurf für den jetzigen Umbau verzichtet auf den verbindenden Treppenblock und versetzt die beiden Baukörper in ihren ehemaligen getrennten Zustand. Die Neudefinierung der beiden Hauptvolumen erlaubt es, einen stärkeren Bezug zur Umgebung herzustellen, besonders mit der neuen öffentlichen Gartenanlage, die an die Stelle von alten privaten Gartenbeeten getreten ist. In Anbetracht dieser Umplanung war es wichtig, die Nordfassade neu zu gestalten. Dazu greift man auf die ortsübliche Bauweise zurück und errichtet eine Grenzmauer, die den privaten Bereich vom öffentlichen Durchgangsverkehr trennt; die so optisch zurückversetzte und frei gestellte Nordansicht gewinnt den Charakter einer Hauptfassade.

Links: Die wiederhergestellte, in kühlem Weiß gehaltene Südfassade blickt auf den alten Dorfplatz.
Rechte Seite: Die neue moderne Nordfassade wird zur neugestalteten öffentlichen Gartenanlage durch eine hohe Schutzwand abgeschirmt. Das Oberlichtband über der Treppe löst das Dach vom darunter liegenden geschlossenen Gebäudekörper ab.

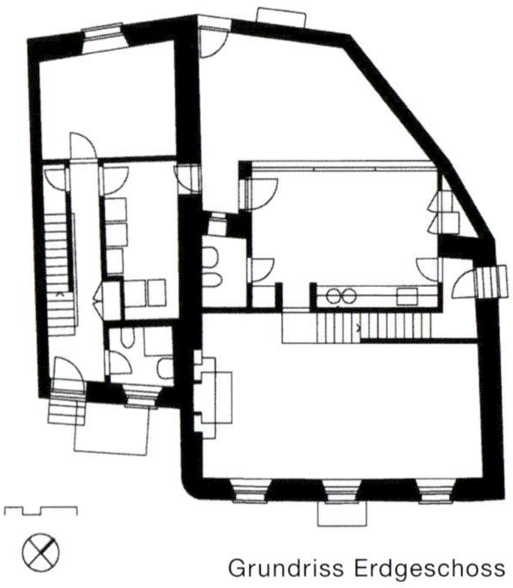

Grundriss Erdgeschoss

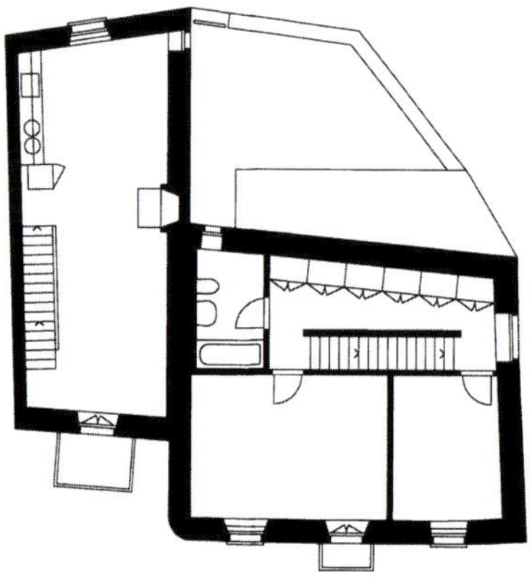

1. Obergeschoss

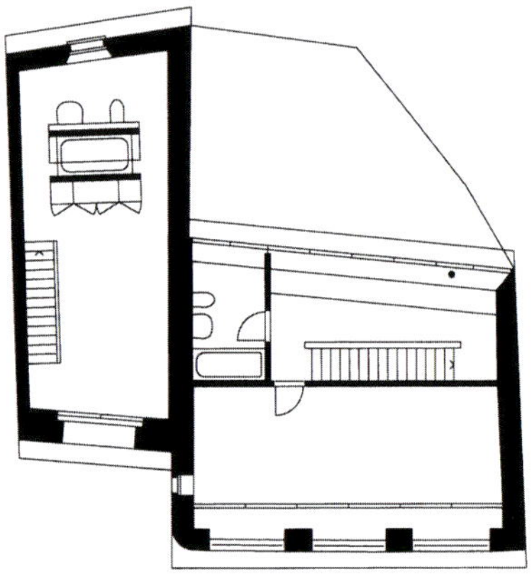

2. Obergeschoss

Blick aus der Küche im Erdgeschoss
auf den vorgelagerten Innenhof.

Oben und rechts: Die neuen raumhohen Verglasungen sind um Balkonbreite hinter die historischen Fassadenöffnungen zurückverlegt.

Unten beide: Durch die Belichtung von oben erhält die elegante Treppe eine abstrakte Grafik.

WOHNHAUS ▷

WOHNHAUS IN SOLDUNO

1998–1999

Am Rande des Dorfkerns von Solduno steht inmitten von ehemaligen Weinbergterrassen ein Wohnhaus. Vom Dorfplatz erreicht man über einen Treppenaufgang die höher gelegene Terrassenebene und den Zugang zum Gebäude selbst. Von hier aus genießt man einen weiten Ausblick über die Dachlandschaft des alten Dorfes.

Das Wohnhaus ist in drei Ebenen gegliedert. Im Untergeschoss, das teilweise im Hang liegt, befinden sich die Nebenräume und das Atelier. Der darüber liegende Wohnraum ist vollständig verglast und öffnet sich auf seiner ganzen Länge zur weitläufigen Terrasse, die sich bis zur Grundstücksgrenze ausdehnt.

Die über das Wohngeschoss auskragende Ebene der Schlafräume und Kinderzimmer ist als reine Holzkonstruktion mit einer roten Holzschalung versehen. Die als offene Schalung montierten Holzleisten bilden gleichzeitig den Sonnenschutz der Fensterflächen. Die Verwendung von Holz für das Obergeschoss hat zwei Gründe: Zum einen wurde aus statischen Gründen eine leichte Konstruktion gewählt, die nur auf drei hinter der Glasfassade liegenden Stützen und der bergseitigen Rückwand aufgesetzt ist, zum anderen ist es eine formal ästhetische Entscheidung; der rote Baukörper wird so optisch in seine Umgebung mit den davorliegenden roten Dachflächen und den ebenfalls rötlichen kleineren Nebengebäuden integriert.

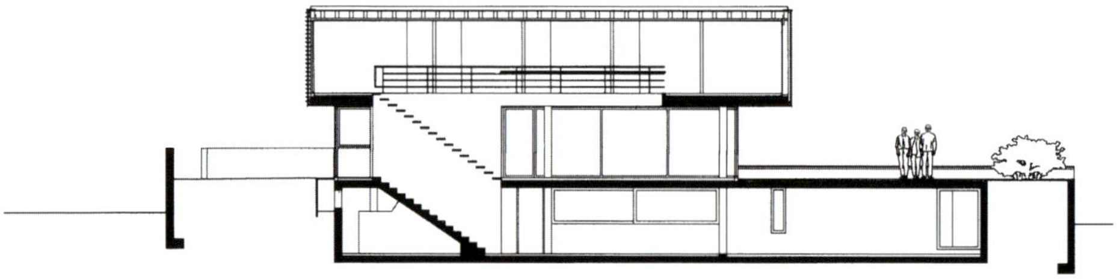

Schnitt

Links: Der Holzkörper der Schlafräume scheint durch die vollflächige Verglasung des Wohnzimmers über der Terrasse zu schweben.

Rechte Seite: Vom Dorfplatz erreicht man das Wohnhaus über einen Gartenweg. Das Rot der Holzverschalung nimmt die Farbe der unterhalb liegenden historischen Ziegeldächer auf.

Die Schiebetüren der Glasfassade des Wohnraums ermöglichen einen fließenden Übergang des Innenraums nach draußen. Das seitlich durchlaufende Sitzgeländer verbindet optisch Terrasse und Wohnzimmer zu einer Einheit.

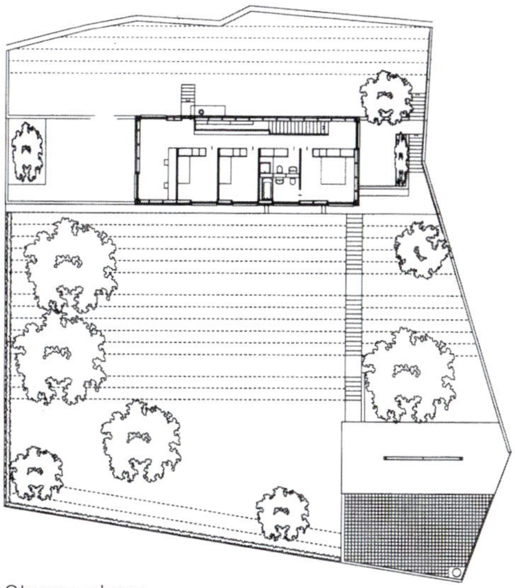

Obergeschoss

Flur und Ankleide auf der Schlafebene

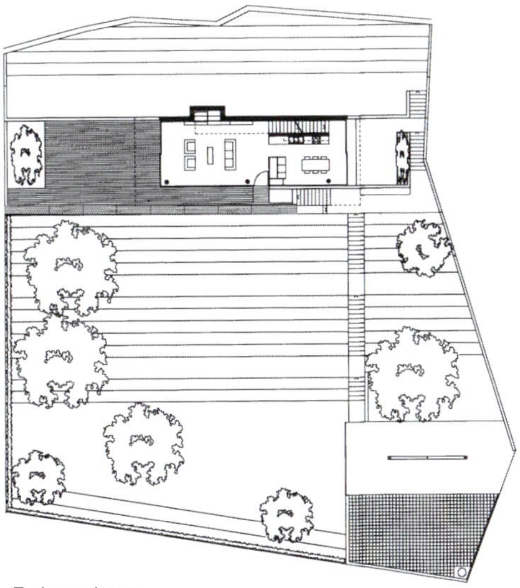

Erdgeschoss

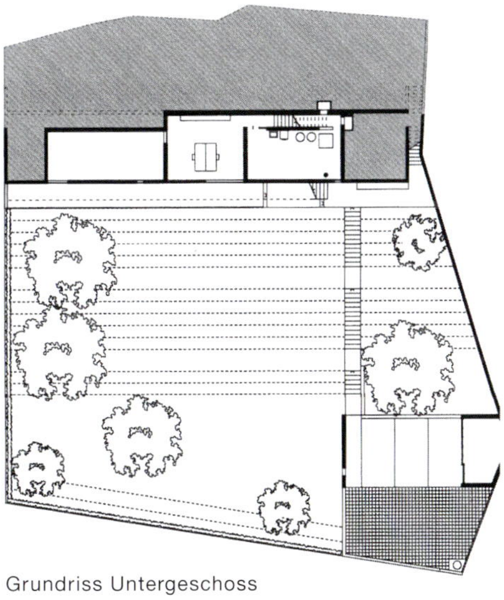

Grundriss Untergeschoss

WOHNHAUS IN BOSCO LUGANESE

1995–1997

Das Grundstück liegt an einem Südosthang am oberen Ortsrand von Bosco Luganese am Waldrand. Im näheren Umkreis stehen einige alte Steinhäuser, vereinzelt auch neuere Wohnhäuser. Das Haus steht auf einem Kalkfelsen und öffnet sich auf einen großen Garten mit Sicht auf den Luganer See.

Der Bau ist in zwei Ebenen gegliedert, den Wohnbereich im Erdgeschoss und die Schlafzimmer im oberen Geschoss. Diese Zweiteilung des Raumprogramms ist ein wichtiger Bestandteil des Entwurfs. Denn weil das Haus über das Obergeschoss erschlossen wird, ist der Garten vor künstlichen Eingriffen aller Art bewahrt geblieben, außerdem kann der Gang ins untere Stockwerk wie eine »Promenade architecturale« empfunden werden. Im Grundriss sind drei verschiedene, in sich zusammenhängende Arten von Räumen zu erkennen: der Eingangsbereich mit überdachtem Vorplatz und den Kellerräumen, der zweckgerichtete Bereich von Eingang, Büro und Küche und der Hauptwohnbereich mit den Wohn- und Schlafzimmern.

Im Innern legte man großen Wert auf Transparenz, sodass nun von jedem Standpunkt aus die Gesamtheit des Gebäudes erfasst und die Funktion der verschiedenen Bereiche erkannt werden kann. Weil gleichzeitig der Blick hinaus in die Landschaft möglich ist, werden auf erstaunliche Weise die üblichen räumlichen Abgrenzungen aufgelöst.

Das Haus scheint sich in seiner Rolle als weithin sichtbare Verlängerung des natürlichen Felsvorsprungs nicht ganz wohl zu fühlen. Es bemüht sich, mit großen Wandöffnungen und überraschenden Aussparungen der Schwerkraft des allgemein üblichen Baumaterials entgegenzuwirken, sich aus Formen und Farben etwas wie eine atmende Haut überzustreifen. Der Entwurf ist durchdrungen von der Suche nach einem neuen Materialverständnis und nach einer dauerhaften räumlichen Beziehung zwischen Gebäude und Umgebung.

Straßenansicht mit Blick auf den Portikus und Eingang

Rechts: Straßenansicht
Unten: Gartenansicht der mit Naturstein verkleideten Fassade

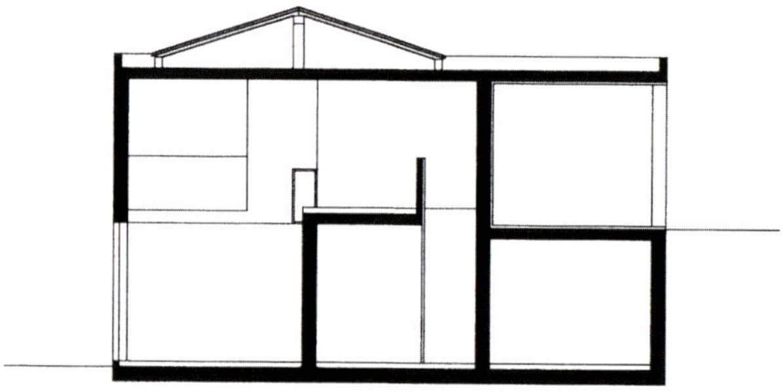

Schnitt

Über den Luftraum kann von jedem Standpunkt aus die Gesamtheit des Wohnhauses erfasst werden.

Blick vom Wohnzimmer in die Küche

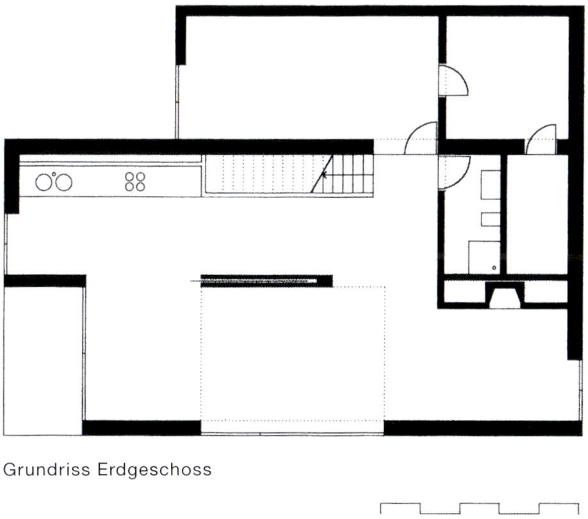

Grundriss Erdgeschoss

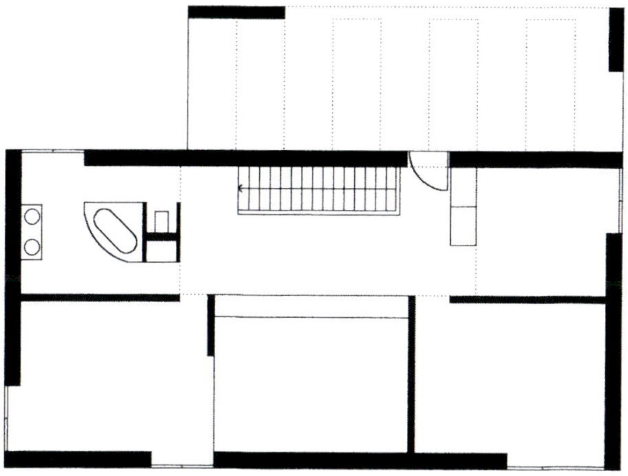

Obergeschoss

Über die Galerie sind farbig gestaltete Wandflächen einsehbar und zeigen das grafische Spiel der Scheiben und Volumen, aus denen das Haus zusammengsetzt ist.

WOHNHAUS IN BRUSINO-ARSIZIO

1999–2003
Bauleitung: Fausto Calderaro

Das neue Wohnhaus befindet sich auf der Bergseite des Dorfes Brusino-Arsizio. Dank seiner Lage am Fuße des steil aufragenden Monte San Giorgio gewährt es einen großartigen Blick auf den Luganer See. Das Gebäude, das durch sein auskragendes Obergeschoss wie vom Boden abgehoben erscheint, betont dadurch seine Einmaligkeit in der umgebenden Landschaft. Der Entwurf zeigt einen einzigen Wohnbereich, einen großen Raum für den Tag und die Nacht, um welchen die verschiedenen Nebenräume angeordnet sind.

Es ist ein deutlich zweigeteilter Baukörper, bestehend aus einem Betonsockel und darüber ein Holztragwerk, ergänzt mit Aluminiumprofilen und eingesetzten Polycarbonatpaneelen. Die eigenwillige Konstruktion macht die Verwendung dieser Materialien notwendig, gleichzeitig war dies eine Demonstration der Komplexität der heutigen Bauweise.

Die große Tragweite und die optische Leichtigkeit tragen dazu bei, das Gebäude mit der prachtvollen Umgebung in Einklang zu bringen.

Links: Abgehoben über der steilen Hangkante ist die Wohnebene auf den Luganer See ausgerichtet. Rechte Seite: Die Virtualität des schwebenden Baukörpers wird durch die Wahl der »künstlichen Gartenmöbel« noch verstärkt.

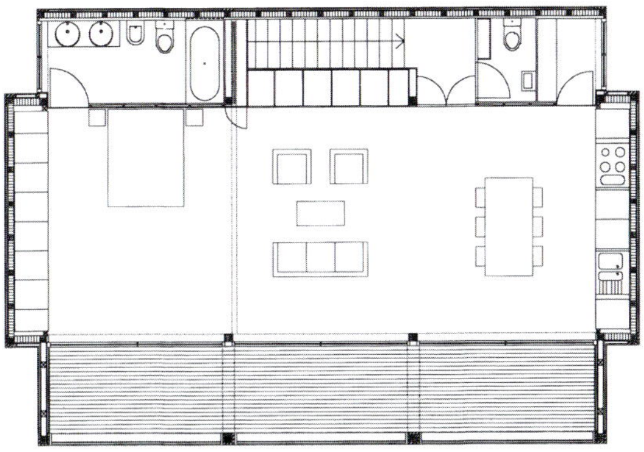

Obergeschoss

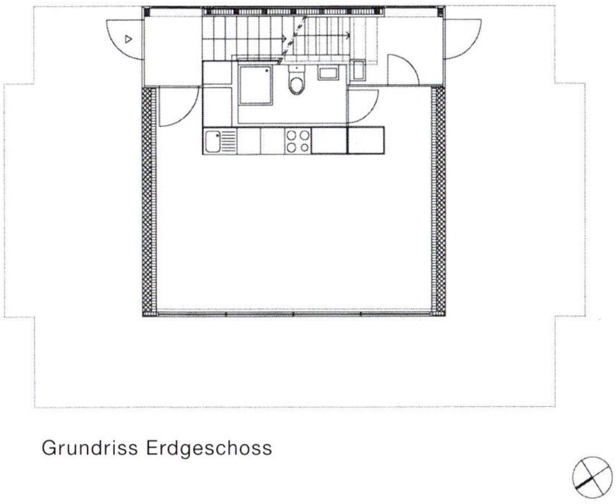

Grundriss Erdgeschoss

Linke Seite: Unter dem auskragenden Obergeschoss liegen der Hauszugang und der Autoabstellplatz.
Unten und rechts: Die Leichtigkeit des Wohngeschosses und das Konzept des Einraums finden in der Wahl der Möblierung ihre konsequente Ergänzung.

ZWEI WOHNHÄUSER IN PREGASSONA (1)

1999–2001

Das Thema des Innenhofs taucht in verschiedenen Formen in der Architekturgeschichte immer wieder auf. Der vorliegende Entwurf stellt ein Haus vor, das sich um einen kleinen untypischen Innengarten gliedert: Der Garten liegt zwar auf der Erdgeschossebene, stellt aber gleichzeitig eine Verbindung mit den oberen Stockwerken her, er ist Bezugspunkt, ohne jedoch Wohnmittelpunkt zu sein.

Die Tessiner Architektur hat zwei Wohnmodelle entwickelt, ein horizontales und ein vertikales. Dieses Haus verbindet die beiden Typen in einer einfachen und dennoch komplexen Form. Sie ergibt sich aus der Gestaltung der Wohnräume und nicht der äußeren Erscheinung. Andere anscheinend gegensätzliche Energien, die diesen Entwurf beeinflusst haben, sind die der Verinnerlichung und die der Öffnung, auf welche in verschiedener Weise eingegangen wurde.

Der Innenhof markiert geistig und körperlich das Zentrum dieser Kräfte, da er von beiden Seiten zugänglich ist und so zum Raum wird, um welchen sich die Wohnbereiche gruppieren und sich die täglichen Aktivitäten abspielen. Er wird durch sein Schattenspiel zur Tagesuhr, zum ständigen Orientierungspunkt.

Wesentlich im Projekt ist der Zugang zum Haus und die Straßenfront. Auf der oberhalb gelegenen Zufahrtsstraße erscheint das Haus als linearer, abstrakter eingeschossiger Baukörper, der den Blick ins Tal verhindert und sein Innenleben nicht preisgibt. Diese Hausfront fällt aus dem üblichen Rahmen, mehr Abstraktion als Erfüllung der traditionellen Vorstellung eines Hauseingangs. Eingangstür und Garagentor sind unauffällig in die Fassadenverkleidung integriert. Passiert man die Eingangstüre, wird der Ausblick ins Tal und die gegenüberliegende Berglandschaft über ein Panoramafenster freigegeben. Auf dem Weg ins darunterliegende Wohngeschoss vergisst man im Flur, eingeengt zwischen mattierten Scheiben und Holzraster, den Ausblick und ist gefangen vom Schattenspiel des einfallenden Lichts. In der unteren Ebene wird der Innenhof zum verbindenden Element mit dem Landschaftspanorama. Über ihn werden weitere Gebäudeteile und die Ausblicke in die Natur optisch erschlossen. Aber was ist wahr und was ist Abbild? Was ist Innen und wo beginnt Außen?

Der japanische Garten war ein Wunsch der Bauherrschaft und gibt uns Einblicke in eine Wohnkultur, von der wir viel lernen können.

Im Wohnbereich sind die Nebenräume von den Wohnräumen durch eine

Talseitig zeigt der plastisch durchgebildete Baukörper seine vertikale Organisation und seine Ausrichtung auf das Tal und den Luganer See.

Zwei individuell gestaltete Baukörper bilden durch Formensprache und Materialwahl eine gestalterische und städtebauliche Einheit.

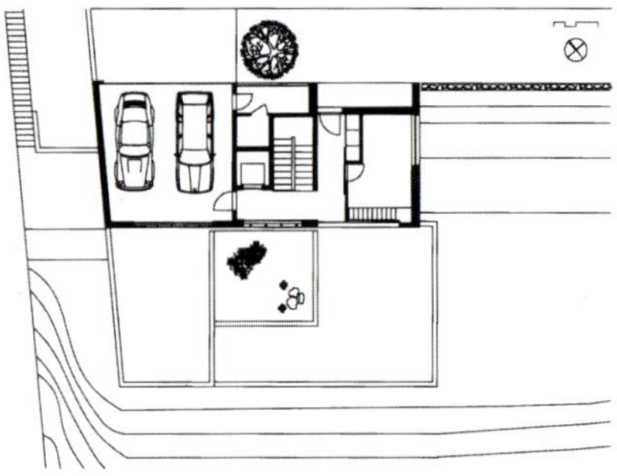

Grundriss Untergeschoss

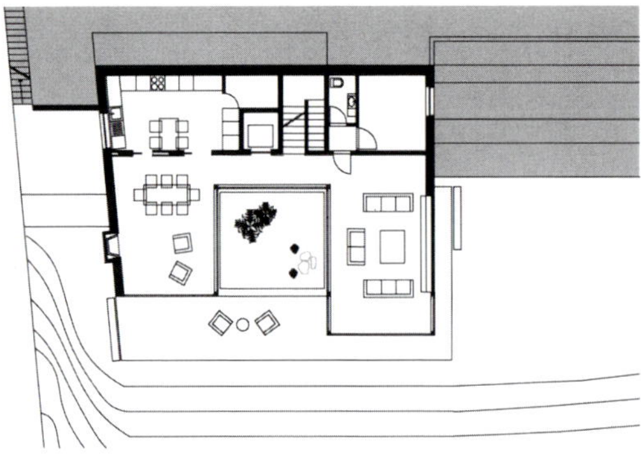

Erdgeschoss

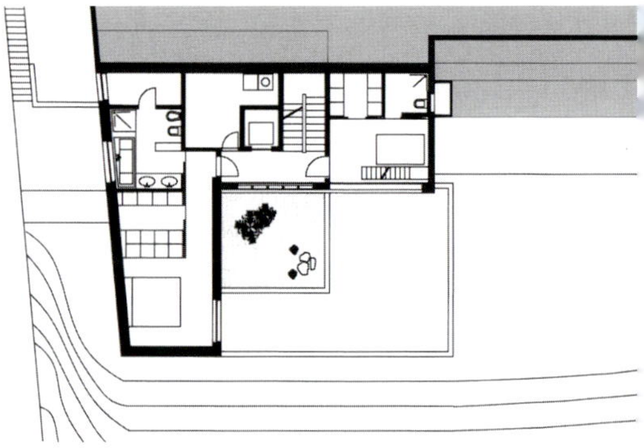

1. Obergeschoss

lange Holzwand getrennt. Im ganzen Haus mildert die Wärme des Holzes die Härte des Sichtbetons.

Bei diesem Haus ist der Garten kein separater Bereich. Der einzige vorhandene Außenraum geht unmittelbar in die Landschaft über. Die talseitige Front hält sich an den urbanen Maßstab, man sieht schon von weitem die mit einer Holzleistenschalung betonte Fassade.

Das Haus ist nicht gestaltet unter dem Gesichtspunkt, sich ein steil abfallendes Grundstück dienstbar zu machen, sondern als Instrument, durch das man die umliegende Landschaft mit unterschiedlichen Facetten wahrnimmt.

Eingangstür und Garagentor sind unauffällig in die Fassadenverkleidung integriert und verstärken den Ausdruck von Privatheit und Abgeschlossenheit.

Links: Über den japanisch gestalteten Innenhof sieht man aus dem Flur auf die im Tal liegende Stadt und das Panorama der Berge. Unten: Blick in den über beide Geschosse gehenden Innenhof und zum Essplatz.

ZWEI WOHNHÄUSER IN PREGASSONA (2)

2000–2003

Das lang gestreckte steile Grundstück wird über eine Zufahrt und einen Eingangshof erschlossen. Auf drei Stützwänden sind die von außen ablesbaren Körper der Garage, der Schlaf- und der Wohnebene im Hang verankert.

Der Eingang vom Hof liegt in der obersten Ebene, in der im rückwärtigen Bereich der Treppe die einzelnen Schlafzimmer untergebracht sind. Über die zweiläufige Treppe erreicht man den ein Geschoss tiefer liegenden Wohnraum, der wie eine Aussichtskanzel rundum verglast ist. Im Gegensatz dazu sind die Fenster in der Schlafebene auf das Notwendige begrenzt. Über vorgestellte Schiebeelemente wird das Wohnzimmer gegen Sonne und Einblicke abgeschirmt. Die Stellungen der einzelnen Lamellen zueinander lassen unterschiedliche Lichtführungen zu. Gleichzeitig verbinden sie die horizontalen Deckenscheiben zu einem kompakten Baukörper. Die dem Wohnzimmer vorgelagerten Freiflächen werden über die mit Holz verkleidete Stützwand Teil des Wohnraumes selbst.

Rechte Seite oben: Das Wohnzimmer steht neugierig über die Stützwand vor und richtet den Blick ins Tal. Die Stützwand verbindet die beiden Wohnhäuser am Hang. Rechte Seite unten: Vom Eingangshof zwischen Garage und Hauseingang führt der Blick über das darunter liegende Wohnzimmer ins Tal und auf die Stadt. Unten: Die Schlafräume liegen im Obergeschoss unterhalb der Zufahrtsstraße. Der Wohnraum wird entlang der mit Holz geschalten Stützwand nach außen fortgeführt.

1. Obergeschoss

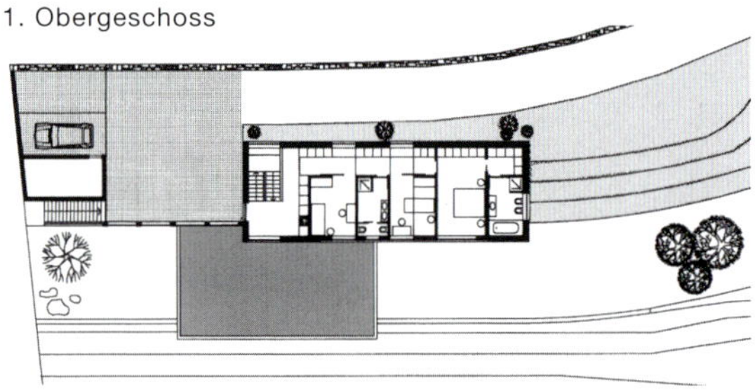

Grundriss Erdgeschoss

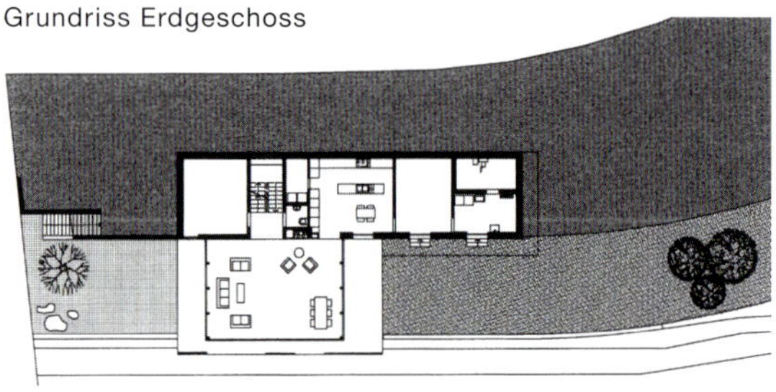

WOHNHAUS IN LUGANO

1999–2000

Das Wohnhaus steht in exponierter Lage an der Hangkante oberhalb des Stadtzentrums von Lugano. Von hier aus genießt man den außergewöhnlichen Rundumblick über den Luganer See, der nur durch die beiden Berge, den Monte Bré im Nordosten und den Monte San Salavatore im Süden eingeschränkt wird.

Das Erleben eines fließenden Übergangs aus den Wohnräumen in die freie Natur war das wesentliche Thema des architektonischen Entwurfs, der konsequent bis ins Detail umgesetzt wurde.

Der monolithische klare Betonkörper ist präzise an den Stellen durchbrochen, an denen die interessantesten Ausblicke in die Landschaft möglich sind. Das Detail der raumhohen Fensterelemente, die über verdeckte Rahmen außen bündig in die Wandflächen eingesetzt sind, verstärken den Eindruck der flächenhaften Grafik der Außenwände und lassen die Fenster als Teil der Betonflächen erscheinen.

Die außergewöhnliche topografische Situation und die vielfältigen Ausblicke bedingen die gleichwertige Behandlung aller Fassaden. Alle Wohnräume sind sowohl im Erdgeschoss als auch im Obergeschoss auf vorgelagerte Terrassen ausgerichtet. Vom hangseitigen Eingsbereich erreicht man über einen seitlichen Treppenlauf den über zwei Geschosse offenen Wohnraum. Auf diese Weise kann auch im Inneren die klare Struktur des Hauses auf einen Blick erfasst werden.

Links: Die Eingangsfassade im Nordosten ist bis auf die Eingangstür vollständig geschlossen.
Rechte Seite: Gartenfassade, die auf den See ausgerichtet ist.

Gartenfassade, die auf den See ausgerichtet ist

Die topografische Lage ermöglicht Ausblicke, die eine gestalterische Gleichbehandlung der Fassaden zur Folge haben.

Blick aus dem Schlafzimmer auf die Luganer Bucht und Castagnola.

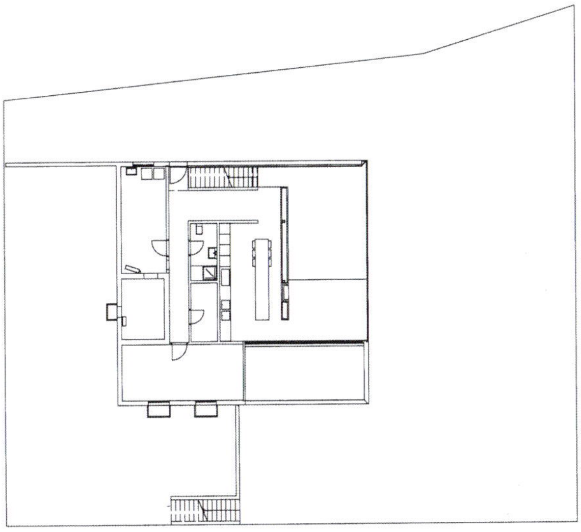

Grundriss Untergeschoss

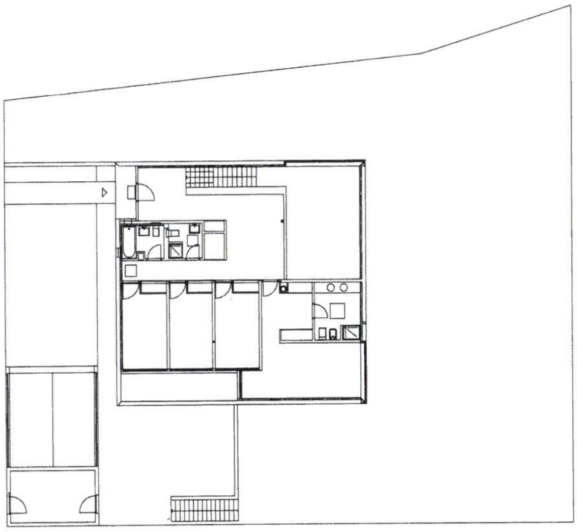

Erdgeschoss

Die neben der Garage liegende Gartenebene der Kinderzimmer ist über eine breite Außentreppe mit der Wohnebene verbunden.

WOHNHAUS IN CAMORINO

2001–2002

Das Grundstück liegt auf einem leicht nach Westen geneigten Hang, der ursprünglich für Weinanbau genutzt wurde und nun teilweise für Wohnbebauung freigegeben ist. Die immer noch vorhandenen Weinstöcke zeugen bis heute von der früheren Zeit.

Das Grundstück wird auf der Nordseite über eine kleine Ortsstraße erschlossen und blickt nach Süden und Westen. Das neue Wohnhaus nimmt auf einfache Weise die vorhandene Situation auf und ist als lang gestreckter schlanker Baukörper entlang der nördlichen Grundstückskante platziert.

Der Baukörper ist, von außen deutlich ablesbar, in zwei Volumina gegliedert: in einen zweigeschossigen Baukörper, der die Wohnräume enthält und ein seitliches auf halber Höhe angegliedertes Vordach, das die Garage, den Hauseingang und die zum Garten orientierte geschützte Terrasse aufnimmt.

Die formale Strenge und Einfachheit der Gebäudehülle setzt sich im Inneren in den einfachen und klar strukturierten Grundrissen fort. Ein durch zwei Geschosse gehendes Schrankelement, das im Erdgeschoss durch den Kamin ergänzt wurde, teilt das Haus in Längsrichtung. Auf der Nordseite wurden die Erschließung, Treppe und Flur, die Küche und die Nasszellen untergebracht.

Die Wohnräume im Erdgeschoss und die Kinderzimmer im Obergeschoss sind nach Süden zu dem mit Weinreben belassenen Garten orientiert. Kräftige Farben im Obergeschoss unterstreichen die Individualität der einzelnen Kinderzimmer und unterstützen die Wiedererkennung und Identifikation der Kinder mit ihren Zimmern.

Lageplan

Links: Straßenansicht
Rechte Seite oben: Das Gebäude ist in einen zweigeschossigen Baukörper der Wohnräume und in den seitlich angesetzten eingeschossigen Körper der Garage und der rückwärtigen Außenterrasse gegliedert.
Rechte Seite unten: Die ursprüngliche Nutzung als Weingarten ist immer noch gegenwärtig.

Oben: Flur und Treppe vor den Kinderzimmern
Mitte: Das über zwei Geschosse gehende Schrankelement zur Trennung der Nebenräume von den Wohnräumen wurde im Erdgeschoss durch den offenen Kamin ergänzt.
Unten: Der Wohnraum geht in den Außenraum über und blickt auf den alten Weingarten.

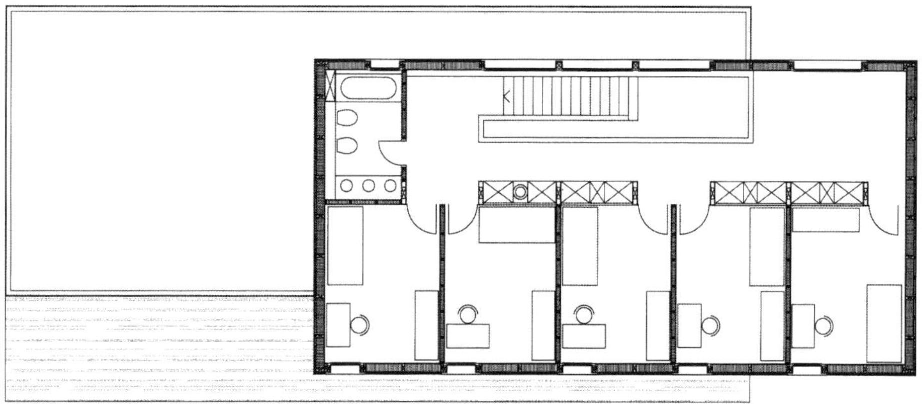

Obergeschoss

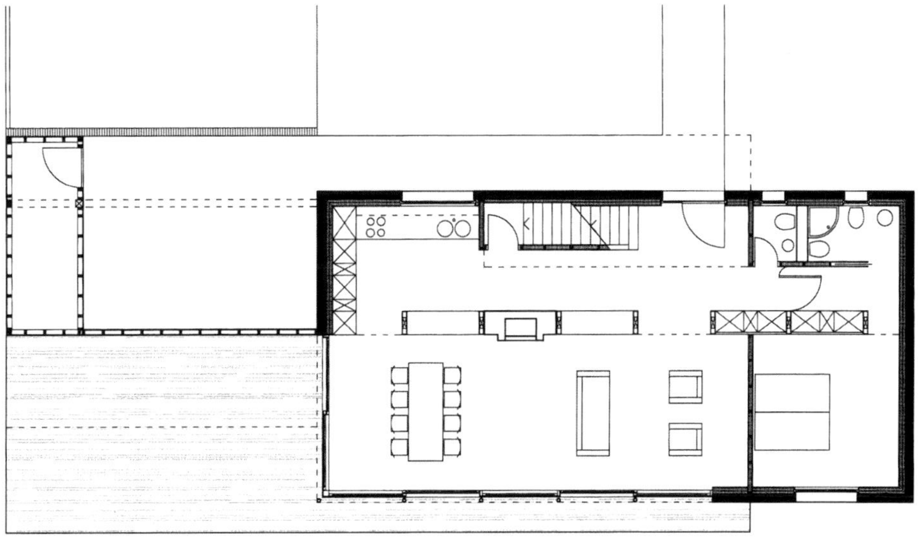

Erdgeschoss

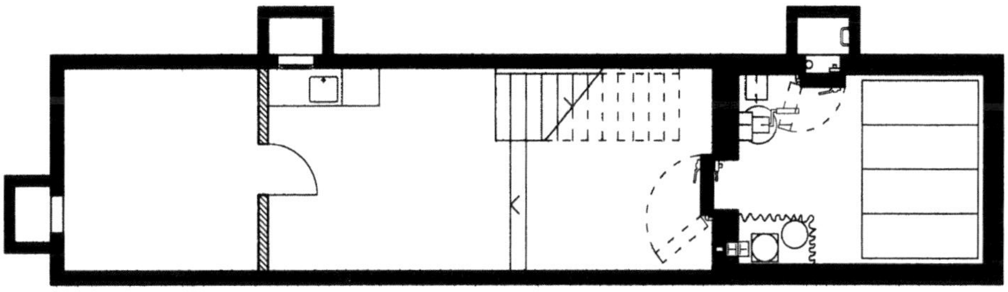

Grundriss Untergeschoss

WOHNHAUS IN MUZZANO

1999–2002

Das Grundstück liegt am westlichen Rand des Ortskerns von Muzzano, einem Vorort von Lugano, auf einem stark nach Westen geneigten Hang mit einem großartigen Blick über die Landschaft und das nordwestliche Ende des Luganer Sees. Eine kleine Ortsstraße erschließt das Anwesen von Südosten her.

Das neue Wohnhaus, ein geschickt gegliederter kubistischer Baukörper, passt sich zwanglos den örtlichen Gegebenheiten an. Der Baukörper ist, von außen deutlich ablesbar, in einen breiten Sockel und einen darüber gesetzten Kubus gegliedert. Das Wohnhaus steht auf einem mächtigen Sockel, in dem, von außen kaum wahrnehmbar, Schwimmbad, Abstellräume, Garage und Hauseingang untergebracht sind. Durch diesen Sockel wird das ansonsten von allen Seiten einsehbare Wohnhaus aus der Straßenebene herausgehoben und ermöglicht so die maximale Öffnung des Gebäudes nach Süden und Westen, während die Nord- und Ostseite fast vollständig abgeschlossen bleiben.

Die formale Strenge und Einfachheit der Gebäudehülle setzt sich im Inneren in den einfachen und klar strukturierten Grundrissen fort. Der beinahe quadratische Grundriss ist in vier genau gleiche Flächen geteilt. Das eigentliche Wohnhaus ist um den auf der südwestlichen Ecke liegenden wintergartenähnlichen Gebäudeteil organisiert. Über ihn öffnet sich das Haus mittels großzügiger Fensterflächen zum See und zur Landschaft.

Die Innenräume gehen fließend ineinander über und sind nur über die einläufige Treppe an der Nordseite miteinander verbunden. Die Zonung der einzelnen Wohnbereiche erfolgt mit Einbaumöbeln und durch die bewegliche Möblierung.

Dem Glaskubus kommt in diesem Gebäude entscheidende Bedeutung zu. Er ist das verbindende Element zwischen Landschaft und Wohnraum.

Nachts wird das Gebäude zur leuchtenden Skulptur.

Rechts: Blick durch das vorgelagerte verglaste Bauteil auf den See
Unten: Das Wohnhaus steht auf einem Sockel, in dem das Schwimmbad, Garage und Hauseingang untergebracht sind. Die abstrakte Gestaltung des Schiebeelements vor Garage und Haustür lässt von außen keinen Zugang erkennen.

Rechts: Das Wohnhaus ist auf drei Seiten von Straßen umgeben. In den reliefartig gemauerten Backsteinwänden sind nur die notwendigsten Öffnungen angelegt, ansonsten erfolgt die Belichtung vollständig über das verglaste Atrium.
Unten: Gartenfassade und Schwimmbad

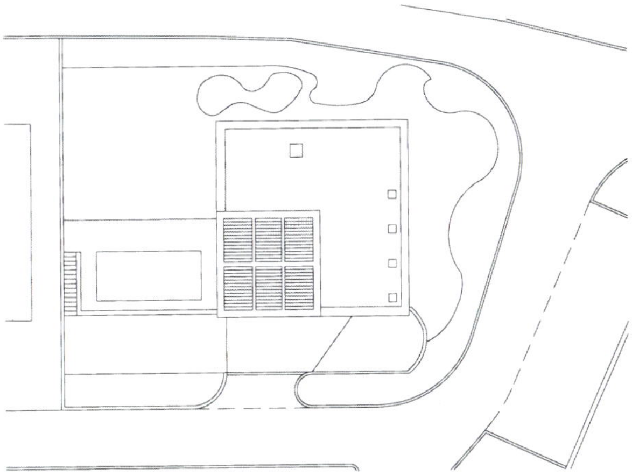

Dachgeschoss

Lageplan

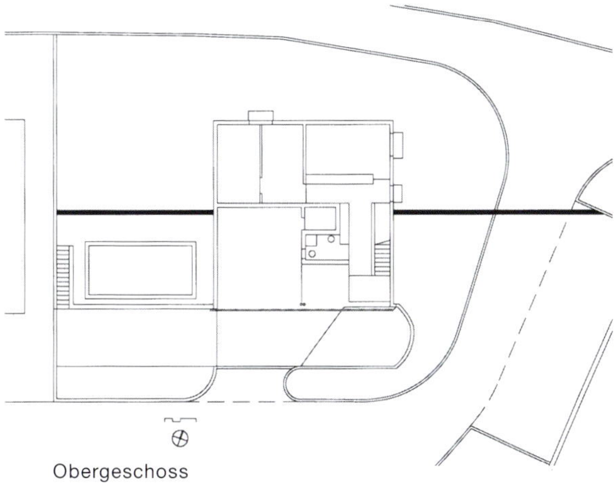

Obergeschoss

Über bewegliche Lamellen kann das Atrium zu Sonnenschutzzwecken und zur Lüftung geschlossen und geöffnet werden.

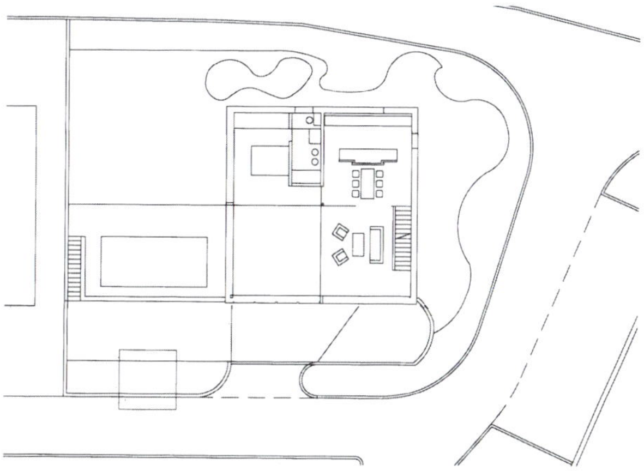

Erdgeschoss

Eine einläufige Treppe verbindet die auf den jeweiligen Ebenen ineinander übergehenden Wohnräume.

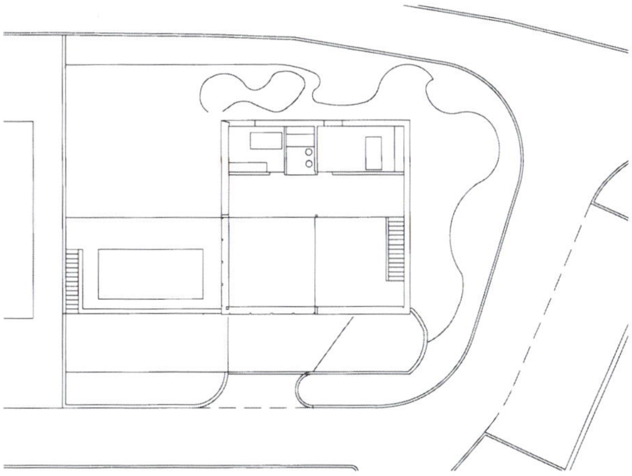

Grundriss Untergeschoss

WOHNHAUS IN GENTILINO

1998–1999

Die einfache und rasche Bauweise und eine größtmögliche Flexibilität in der Grundrissgestaltung waren die wesentlichen Faktoren bei der Planung und Realisierung des Einfamilienhauses in Gentilino.

Einfache, klar strukturierte Baukörper, die entsprechende Materialwahl und ein durchdachtes funktionales Konzept sind die Merkmale des architektonischen Entwurfs. Der respektvolle Umgang mit der Natur und die Verwendung von natürlichen Baumaterialien erzeugen ein neues und behagliches Ambiente. Die Tragstruktur, Wände, Geschoss- und Dachdecken sind aus vorgefertigten Holzteilen, wodurch eine rasche Montage und eine kurze Bauzeit möglich sind.

Die Entscheidung, das Haus außen mit rotem Zedernholz zu verkleiden, ist nicht nur eine ästhetische Komponente, sondern auch eine wirtschaftliche, weil die Holzbretter weder eine Oberflächenbehandlung noch eine Imprägnierung benötigen. Im Laufe der Zeit wird sich die Farbe der Oberfläche je nach Ausrichtung der Hausfassade und Einwirkung von Sonne und Regen verändern.

Die Tragstruktur, auf einem Betonsockel ruhend, ist so konzipiert, dass die Wohnräume im Innern umgeordnet und den sich häufig ändernden Familienanforderungen angepasst werden können. Das große Kinderzimmer ist beispielsweise in drei Einzelzimmer teilbar; die Decke neben dem Kamin kann leicht demontiert werden, um doppelte Raumhöhe zu gewinnen. Auch die Struktur der Garage kann umdisponiert werden – alle möglichen Verbindungen sind mit eingeplant –, um eine Erweiterung des Wohnbereichs oder eine unabhängige Wohneinheit einzurichten.

Die Ausrichtung des Hauses – mit seiner Lage, den Fensteröffnungen und der Planung der Badezimmer und Durchgänge auf der Hausnordseite – begünstigt einen bemerkenswert hellen Wohn- und Kinderbereich und nutzt die passive Solarenergie.

Diese Energiequelle, ergänzt durch einen hohen thermischen Isolationskoeffizienten und den Gebrauch des Wohnkamins als Heizungsmittel, ermöglichen einen ökonomischen Energieverbrauch.

Oben: Fassadendetail
Ganz oben: Hauseingang

Weit auskragende, flachgeneigte Dächer als konstruktiver Schutz der mit Zedernholz geschalten Außenwände prägen die Straßenfassade des Hauses.

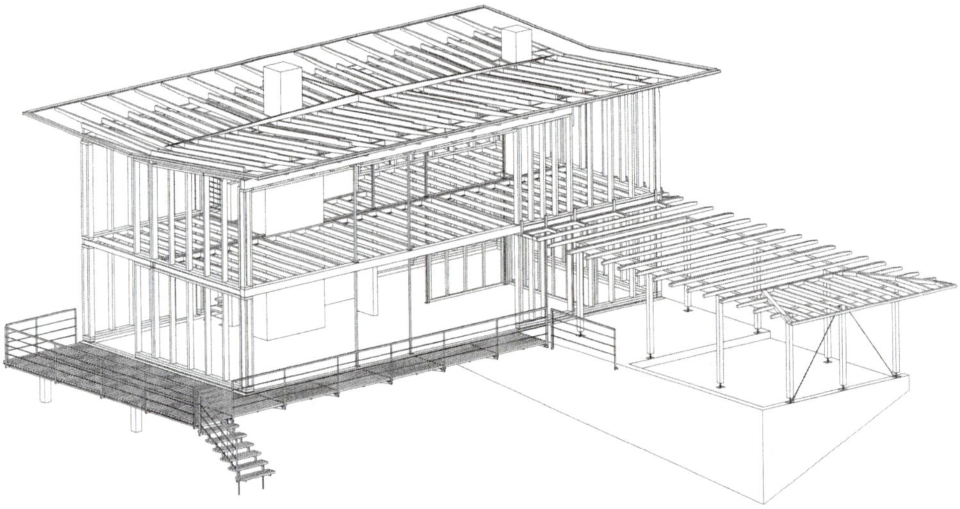

Isometrie des
Holzskeletts

Gartenansicht

Oben: Wohnzimmer
Rechts: Das leichte Detail der Stahltreppe ist konsequent im Raumteiler und Regal fortgeführt.

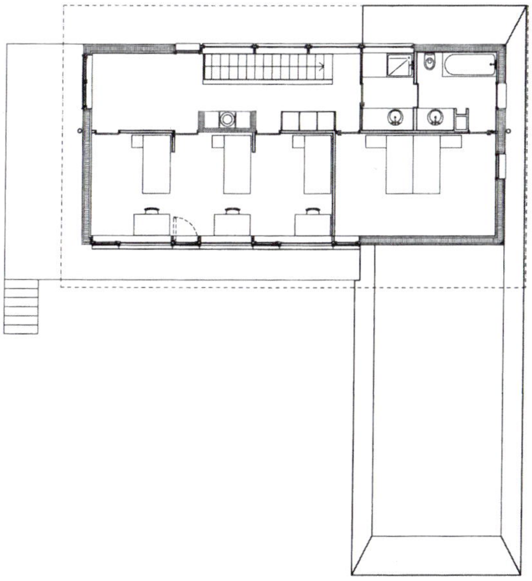

Erdgeschoss

Obergeschoss

WOHNHAUS IN VERSCIO

2002

Das Haus liegt auf einem langen und schmalen Grundstück von nur 350 Quadratmetern. Die Geländebeschaffenheit sowie der baurechtlich vorgeschriebene Grenzabstand von 3 Metern haben dazu geführt, ein Gebäude mit der Grundfläche von 17,5 x 5,5 Meter zu planen. Der Bau wird an das Grundstücksende gesetzt. Drei Wiesenbänder, jeweils 3 Meter breit, umzäunen die West-, Nord- und Ostfront.

Jedem Bereich entspricht ein Ausgang vom Haus ins Freie. Auf der Südseite trennt eine Grenz- und Stützmauer den Garten vom Autoparkplatz. Sie läuft parallel zum Eingangsweg bis ins Hausinnere, bildet Gardarobe und offenen Kamin und gliedert dadurch den Wohnbereich und das Atrium. Der Wohnbereich öffnet sich mit einer großen Fensterscheibe auf die Loggia und den Garten. Ein Mittelkern umfasst Treppe, Küche und Toilette. Auf der Nordseite liegt ein Atelierraum mit doppelter Geschosshöhe. Er wird von Oberlicht erhellt und führt den Blick zum oberen Stock, wo sich drei Schlafzimmer mit Bad befinden, die auf eine halbgedeckte Terrasse über der Loggia ausgerichtet sind.

Trotz der einengenden Bedingungen von Gelände, Bauvorschriften und bescheidenem Budget versucht man einen vielseitigen Wohnraum zu bieten: einen extrovertierten Lebensraum mit einem starken Innen-/Außenbezug, einen eher introvertierten Raum mit einer freien doppelten Geschosshöhe und schließlich auch noch freie und beschattete Außenzonen.

Oben: Blick aus dem Schlafzimmer auf die Loggia
Oben: Der zwei Geschosse hohe Atelierraum wird mit Tageslicht von oben erhellt.

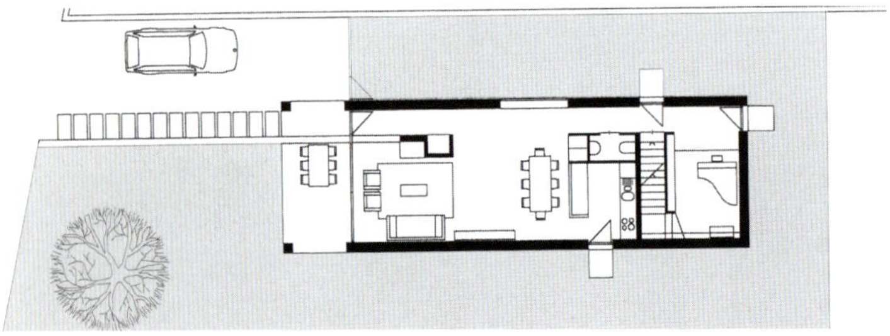

Grundriss Erdgeschoss

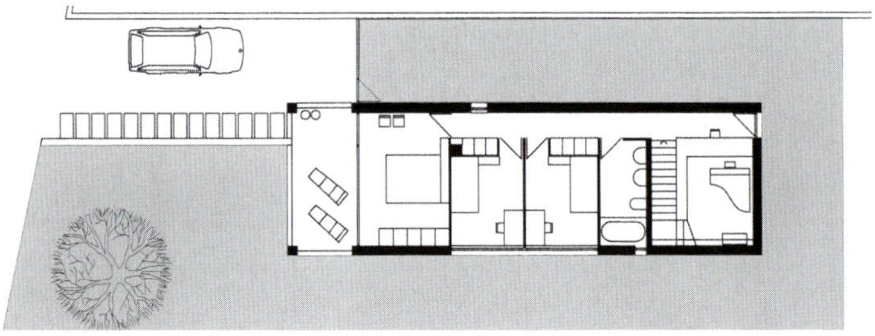

Obergeschoss

Links: Südfassade
Unten: Die lang gestreckte Gartenmauer begleitet bis zum Hauseingang und bildet im Innenraum die Garderobe und das Kaminelement.

WOHNHAUS IN GORDEMO

1994–1995

Das Wohnhaus befindet sich auf steilem Gelände oberhalb des Ortskerns von Gordemo. Das Grundstück weist eine für den Weinanbau gestaltete Terrassenstruktur auf. Im unteren Teil der Parzelle, gleich an den Ortskern anschließend, stand ein altes, aus Granit gebautes so genanntes Rustico. Das neue Haus steht am gleichen Platz wie das alte Gebäude, sodass das Weingut unberührt bleibt. Das Steinmaterial des abgebrochenen Rustico wird für den Steinsockel des neuen Wohnkörpers wiederverwendet. Das so enstandene Kellergeschoss nimmt die Technikräume und die Räume für die Weinproduktion auf. Darüber steht das eigentliche Haus aus isolierten Backsteinen und verputzt, um den Unterschied der beiden Hausteile zu betonen. Selbst die Gestaltung der Fassade und die Ausführungsdetails werden verschieden gehalten, um auf die unterschiedliche Thematik des Hauses hinzuweisen

Loggia des Wohnbereichs im Obergeschoss

Im ersten Geschoss liegt das Wohnzimmer, das sich gegen Süden auf eine Loggia öffnet und den Ausblick auf die Berg- und Seelandschaft erschließt. Auf der Nordseite hingegen schafft ein kleiner Betonsteg die Verbindung mit dem Weinberg und führt zu einer Gartenebene, die von einer alten Steinmauer gestützt wird.

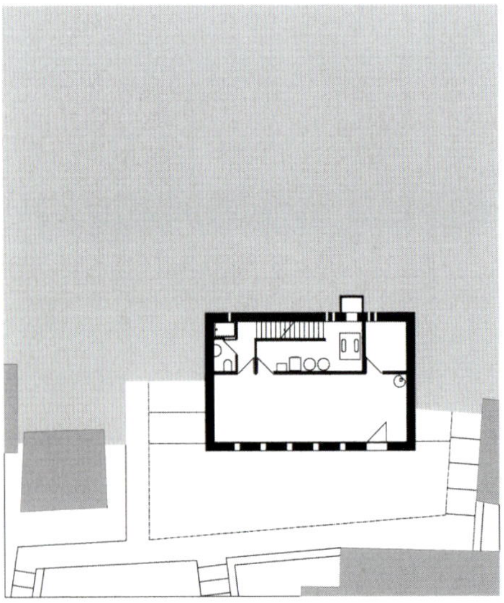

Grundriss Untergeschoss

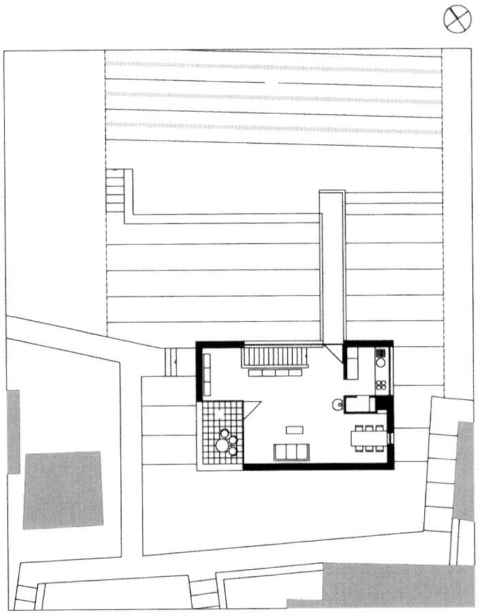

Erdgeschoss

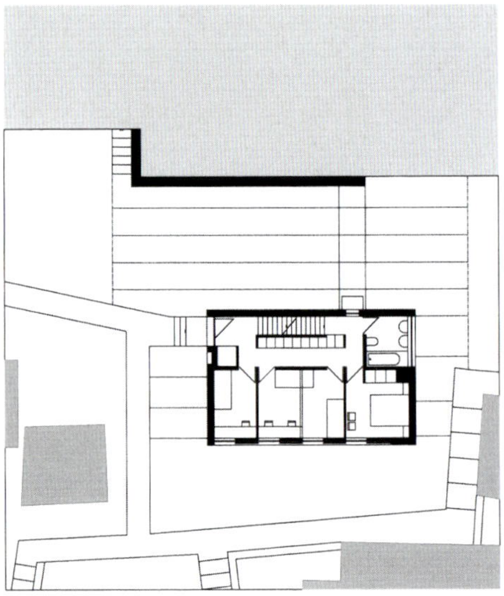

Obergeschoss

Rechts: Das Wohnhaus liegt am Fuße eines bestehenden Weinbergs.
Unten rechts: Der aus dem Bruchstein des alten Hauses gemauerte Sockel beherbergt Räume für den Weinanbau. Der »alte« Sockel verbindet das neue Haus mit der Geschichte des Grundstücks und des Orts.

Unten: Wohnzimmer und Treppenabgang zur Schlafebene
Unten Mitte und ganz unten: Über einen Steg erreicht man die hinter dem Haus liegende Weinbergterrasse.

HAUS UND KUNST ▷

ATELIER IN LAVERTEZZO

2000–2001

Das Bauobjekt liegt in der Gemeinde von Lavertezzo im Verzascatal. Das Grundstück befindet sich am Rande einer Waldzone in einer kleinen Senke unterhalb der Kantonsstraße.

Auf der Parzelle befand sich bereits das alte Atelier des Bildhauers, ein Wohnhaus mit einem Anbau. Bei dem Eingriff wurde nur das Wohnhaus erhalten und der Anbau durch einen neuen und großzügigeren Erweiterungsbau ersetzt. Während im alten Wohnhaus im Rahmen von Sanierungsmaßnahmen ein kleiner Ausstellungsraum und im Obergeschoss ein kleines Atelier eingerichtet wurden, sind im Neubau ein großzügiges Atelier und die zugehörigen Nebenräume untergebracht.

Eingangsbereich, Nasszelle, Technikraum und Ziselierraum sind in einem massiven Gebäudeteil untergebracht, bei dem das Dach von der Straße her betreten werden kann. Im Anschluss liegt das vollständig aus Holz erstellte Atelier, dem auf der Südseite ein Abstellplatz vorgelagert ist.

Durch die geschickte Gliederung des Gebäudes kann das Atelier nicht nur für die künstlerische Arbeit, sondern auch zu Ausstellungszwecken genutzt werden. Es ermöglicht dem Bildhauer die ungestörte künstlerische Arbeit in seinem Atelier und gleichzeitig die Einsicht in gewisse Bereiche für die Öffentlichkeit.

Im alten Haus an der Straße liegt der Ausstellungsraum, für jedermann zugänglich. Der Innenhof sowie die Dachterrasse sind zusätzlicher Ausstellungsbereich, während das Atelier dem Künstler vorbehalten bleibt.

Über das große Fensterband auf der Nordseite wird das Atelier gleichmäßig belichtet, zum Bewegen der schweren Skulpturen hat das Gebäude an der Stirnseite ein großes Tor, durch das über die Kranbahn die schweren Skulpturen bewegt werden können.

Unten: Innenansicht Atelier
Ganz unten: Ansicht vom Zufahrtsweg

Rechte Seite beide: Von der Dachterrasse des betonierten Nebengebäudes sieht man über die großflächige Oberlichtverglasung in das Atelier. Der Hof zwischen Altbau und neuem Atelier dient als Erweiterung der Werkstatt, als Ausstellungsfläche und Skulpturenhof.

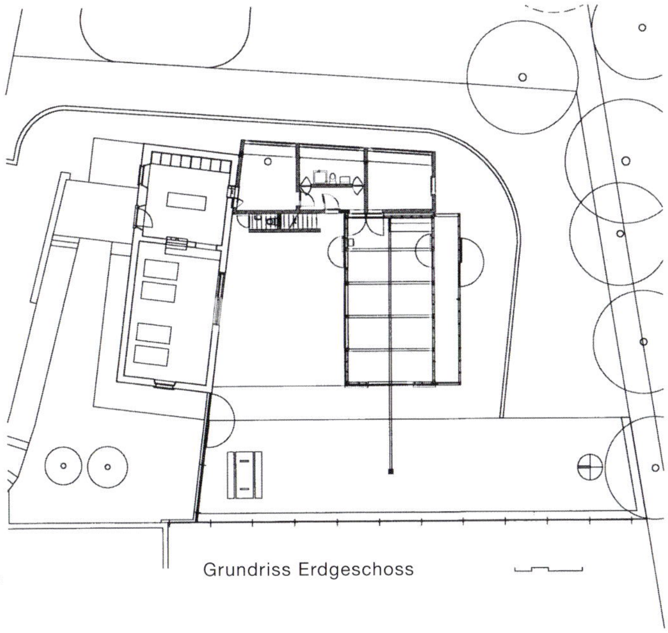

Grundriss Erdgeschoss

HAUS FÜR EINEN KÜNSTLER IN MENDRISIO

1998–2000

Die Typologie des bestehenden Gebäudes ist von zwei unterschiedlichen Strukturen geprägt, die sowohl konstruktive als auch historische Eigenschaften besitzen.

Die mittelalterlichen steinernen Außenmauern formen eine solide und präzise Schalung, die von übereinander geordneten Fensteröffnungen aus unterschiedlichen Zeitepochen, ausgehend vom 13.Jahrhundert, geprägt ist. Der Innenbau, neueren Datums, entwickelt sich über vier Geschosse und weist schwache und schlechte Eingriffe auf, die Anfang des 20.Jahrhunderts (1934) ausgeführt wurden. Der schlanke Bau wurde zusätzlich, aufgrund einer Erbschaftsteilung der Besitzer, durch eine Treppe in zwei Hausteile getrennt.

Der vor kurzem erfolgte gesamte Abriss der Innenstruktur erlaubte eine einfache und rationale neue Konstruktion aus Sichtbeton, die in das mittelalterliche Bauvolumen eingefügt wurde. Es geht hier um das Thema des Hauses im Haus. Es wird ein neues Gleichgewicht geschaffen, das von dem Dialog zwischen den beiden Baustrukturen lebt, die beide stark und präzise sind und die ineinander agieren in einem Spiel von Übergängen, Lichtführung, Material und Klang.

Das Haus wurde mit dem Preis SIA 2003 als bestes Privathaus im Tessin ausgezeichnet mit der folgenden Begründung:

»Der Eingriff löst mit Strenge, Einfachheit und Askese die Schwierigkeiten der Wiedergewinnung eines Gebäudes mit starkem urbanem Wert, dessen Bausubstanz in sehr schlechtem Zustand war. Beachtenswert ist die Sorgfalt, mit welcher der neue Innenkörper gelöst und als solcher erkenntlich gehalten wurde in Bezug auf die historische äußere Haut. Von höchster Qualität sind auch die Ausführungsarbeiten. In diesem Projekt verwirklichen die Autoren Kohärenz und Einheit des Kunstwerkes.«

Lageaufnahme

Rechts: Fensteröffnungen aus mehreren Jahrhunderten prägen das Erscheinungsbild der alten Steinfassade.
Unten: Blick vom Hof in den Ausstellungsraum.

Oben: Die neuen Fenster sind hinter die alten Wandöffnungen zurückversetzt und verstärken den skulpturalen Eindruck des historischen Baukörpers.
Rechts: Die einfache Formensprache entspricht der reduzierten Materialpalette.
Linke Seite: Die innere Struktur wurde aus Sichtbeton neu eingesetzt.

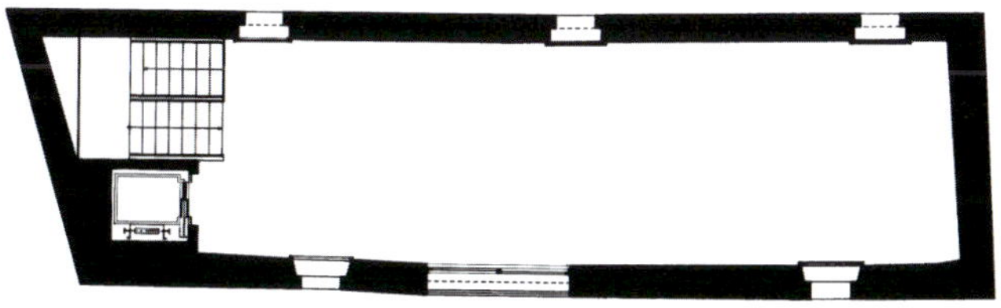

3. Obergeschoss

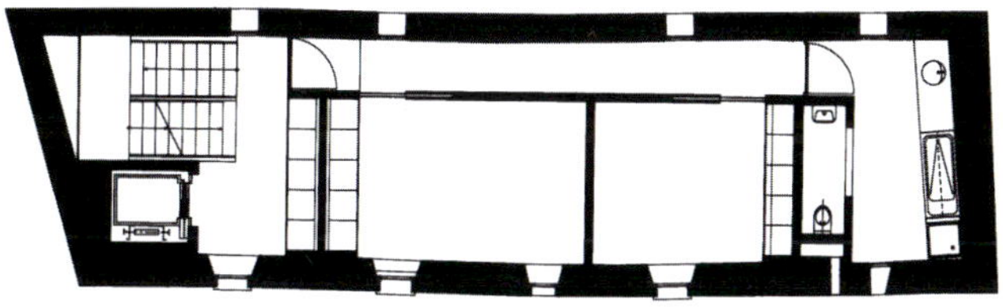

2. Obergeschoss

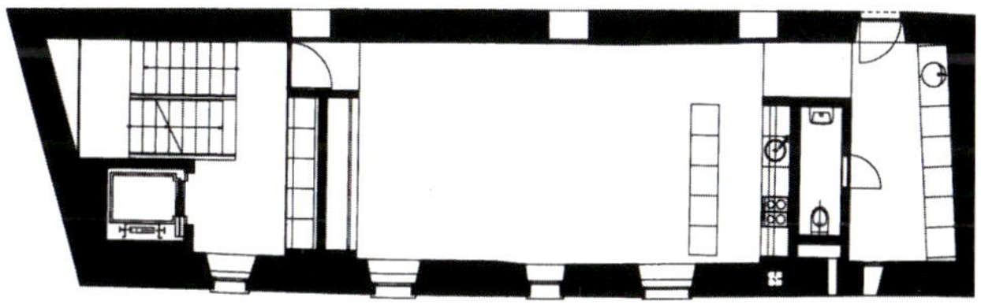

1. Obergeschoss

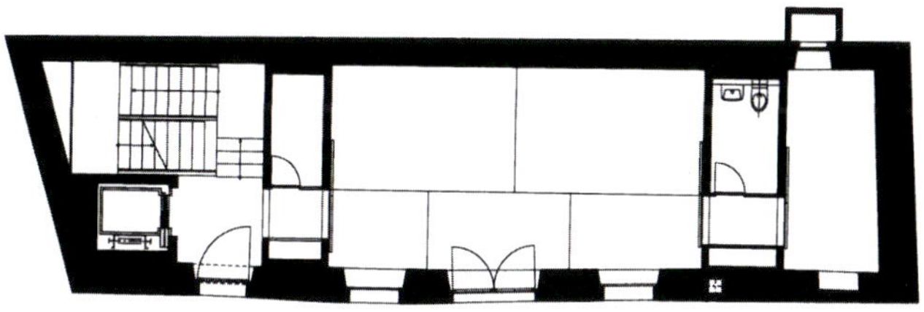

Grundriss Erdgeschoss

EIN HAUS FÜR DIE BILDER IN MENDRISIO

2002–2003

Das Haus und der Garten liegen gut versteckt im Ortskern von Mendrisio. Nur wer um dieses Geheimnis weiß, entdeckt bei genauem Hinsehen einige Spuren davon, vornehmlich Pflanzen, die sich von oben über die hohe Mauer neben der alten Kirche neigen. Geht man entlang dieser Mauer weiter, erreicht man den schmalen Eingang des Hauses an der Via Vecchio Pretorio.

Der Eingangsbereich liegt in einem rechtwinkligen Raum, der sich durch die Vormauerung und Bearbeitung des ursprünglichen unregelmäßigen Raumes zwischen den bestehenden und fensterlosen Mauern zu den Nachbarhäusern ergeben hat. Die kleine Eingangshalle hat also keine Fensteröffnungen. Hinter ihrer Rückwand, in den Berghang eingelassen, liegt ein alter Weinkeller. An der Straßenseite führt eine einläufige Treppe in die beiden oberen Stockwerke. In ihnen befinden sich, direkt über dem Eingangsraum, zwei Räume mit den gleichen Abmessungen. Zwischen dem neuen Baukörper und der bestehenden unregelmäßigen Außenwand wurden im ersten Obergeschoss ein Bad und im zweiten Obergeschoss eine Küche eingestellt. Die weißen Wandscheiben der drei übereinander liegenden rechtwinkligen Haupträume sind als Ausstellungsflächen für Bilder und Gemälde vorgesehen. Beim Aufstieg durch die Galerie nimmt die Transparenz, die einer sorgfältig überlegten Lichtführung zu verdanken ist, ständig zu. Das Licht kommt von oben aus dem Garten. Der Garten ist der Ausgangspunkt von allem. Er wurde vor dem Haus gebaut. Der Garten liegt über den Dächern dieses Ortsteils von Mendrisio.

Ein Spalt in der Decke über dem Erdgeschoss verrät bei Tageslicht die Präsenz des großzügigen Grünraums. Diese Aussparung eröffnet die Sicht auf eine Glasscheibe im ersten Obergeschoss, die den verglasten Innenhof abschließt. Im zweiten Obergeschoss endlich öffnet sich der Blick zum Garten. Eine Brücke, eine leicht geneigte Rampe, die den Luftraum des Innenhofs durchquert, verbindet den neuen Einbau mit einem lichtdurchfluteten Raum, der auf der Höhe des Gartens liegt.

Der höher gelegene Garten führt die Idee der fließenden Raumfolge des Hauses fort. Kein Teil ist in sich abgeschlossen, die Räume gehen ineinander über und ergänzen sich. Die Grenze zwischen innen und außen ist bodengleich und bietet so einen unverstellten Ausblick in den Garten. Der Bodenbelag des Innenraums geht fließend in den Außenraum über und verstärkt den Eindruck des fehlenden Raumabschlusses.

An dieser Stelle können wir über das Thema der »Promenade architectu-

Unten: Straßenfassade und Hauseingang
Ganz unten: Eingangsbereich auf der Straßenebene. Die Zeichnung des Lichts auf dem Parkettboden stammt von einem raumbreiten Deckenschlitz zum Innenhof.

Blick vom Garten in das durch den Innenhof vom Essplatz getrennte Gartenzimmer

rale« sprechen, das schon im Haus von Cugnasco, einem der ersten Projekte von Ivano Gianola, aufgegriffen wurde. Dieses Haus von Cugnasco kann man in der Tat zu den Werken einer gewissen »Tessiner Schule« zählen, weil es, befreit von jeglicher komplexen oder einschränkenden Ideologie, von Le Corbusier eine wichtige konstruktive Anregung erhielt. Der architektonische Entwurf des Hauses in Mendrisio nimmt nach dreißig Jahren dieses Thema des Hauses von Cugnasco wieder auf, bewusst und in gereifter Form, aber vor allem frei von einem vorgegebenen Stil, in der Tradition der Moderne. Das erinnert uns an das Haus Roche Jeanneret, an ein Haus, das ebenfalls zur Präsentation einer Bildersammlung bestimmt war.

Die künstlerischen Entwürfe des Architekten erhalten durch die nicht vorhersehbaren Lehren der Natur neue Anregungen. Im Garten bedeutet beispielsweise das Anpflanzen verschiedener Kamelienarten ein Spiel mit den unterschiedlichen Weißtönen der Blüten. Andere Pflanzen zeigen die Farbe Grün in verschiedenen Abstufungen, eine Reihe aus vier Bäumen hat die Aufgabe, Schatten auf eine bestimmte Fläche zu werfen.

Im Garten setzt sich der Spaziergang durch weitere »Zimmer« fort. Diese Gartenzimmer ergeben sich durch das Ausarbeiten von Elementen, die schon vorher bestanden, wie einige Natursteinmauern an den Höhenunterschieden der einzelnen Gartenebenen. Durch zusätzliche neue Treppen und den Bau von Mauern sind an einigen Stellen neue Terrassenflä-

Rechte Seite: Der Essplatz mit Ausblick zum Garten. Der Schattenwurf auf dem Boden resultiert aus dem mit U-Profilen gedeckten Innenhof.
Unten: Treppendetail zwischen den Obergeschossen
Rechts: Lichtdurchfluteter Innenhof mit der geneigten Verbindung zwischen Essplatz und Gartenzimmer

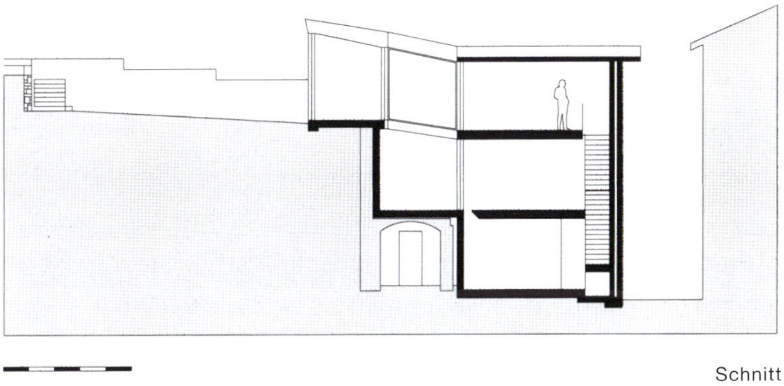

Schnitt

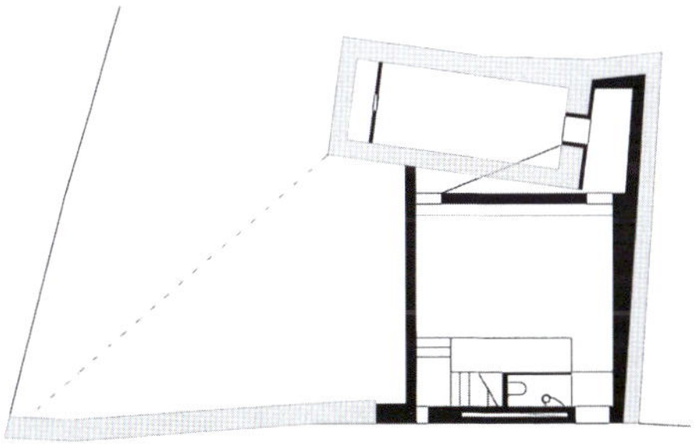

Grundriss Erdgeschoss

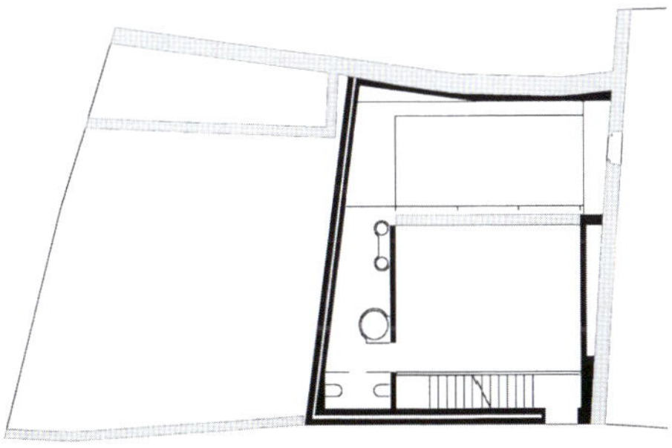

1. Obergeschoss

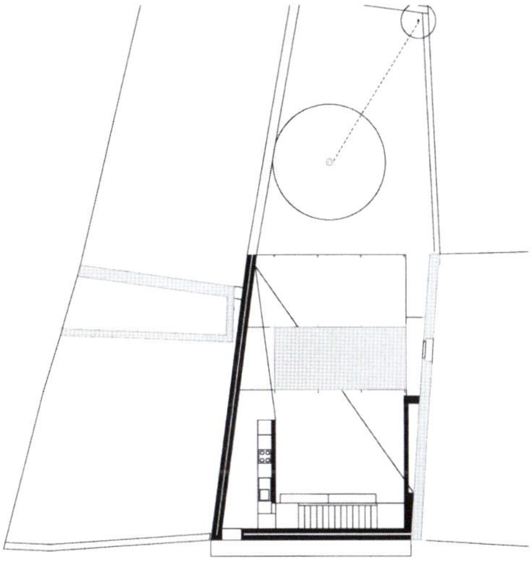

2. Obergeschoss

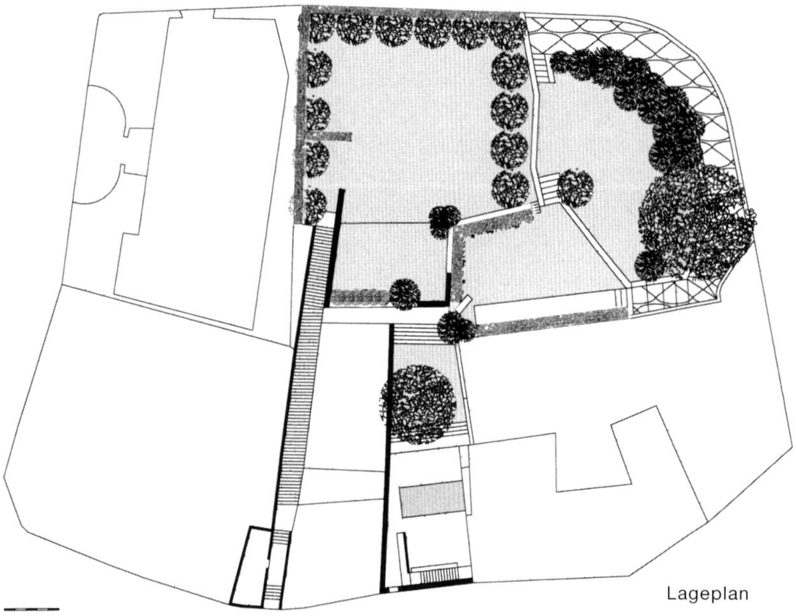

Lageplan

chen entstanden, die eine klare Unterscheidung der einzelnen Bereiche ermöglichen.

Die Höhe der Mauern richtete sich nach dem, was man vom jeweiligen Standort sehen möchte: den mittelalterlichen Ortskern von Mendrisio, den mächtigen Baukörper der benachbarten neoklassizistischen Kirche Santi Cosma e Damiano von Luigi Fontana, die umgebende Berglandschaft und vor allem – den Himmel. Mit möglichst geringem Aufwand wurde versucht, erwünschte Blickbeziehungen herzustellen und unerwünschte zu verhindern. Der Rahmen eines Fensters, ein gepflanzter Baum an einem Wendepunkt des »Wehrgangs«, ganz dicht bei der Kirche, ein Geländer aus vertikalen Stahlstäben, das so gebaut ist, dass man nur von innen nach außen sehen kann, eine Mauer aus Jasminblüten, einige in einer Ecke stehende Olivenbäume, um diese Ecke unzugänglich zu halten, eine Sequenz »Cercis« wie ein Laubengang nach Süden, eine Zypresse als Hinweis auf die Glockentürme des Ortskerns und so weiter.

Einige Einrichtungsgegenstände charakterisieren zuletzt die »Zimmer« des Gartens: am Essplatz beispielsweise stehen ein Tisch und Stühle aus Holz, die eigentlich wie aus Naturstein aussehen, während die Bäume mit immergrünen Blättern, kleine Limonenbäume, einfach in Terracottatöpfe gepflanzt sind, wodurch sie diesen häuslichen Raum prägen und gleichzeitig einen Schutz gegen den Wind bieten. (Textvorlage: Katia Accossato)

Der Essplatz im Freien über den Dächern von Mendrisio

Die mächtige Kirche bildet den räumlichen Abschluss des Gartens.

Terrasse vor dem Gartenzimmer

WOHNHAUS IN BEVER

1997–1998

Die Ausgangslage war nicht ein altes Engadinerhaus, sondern ein vor kurzem erstellter und nicht beendeter Umbau. Die alte Scheune wurde dabei auf übelste Weise mit drei Wohnungen verbaut, ohne Rücksicht auf Struktur, Raum, Konstruktion oder Himmelsrichtung.

Dieser misslungene Umbau wurde im Mittelbereich, dem ehemaligen hölzernen Scheunenteil, bis zur Betondecke über der Garage vollständig abgebrochen. Der Abbruch des Mittelteils und der Verzicht auf einen kleinräumigen Wohnungsausbau ermöglichte eine ausgeprägte räumliche Wiederherstellung der »Scheune«. Zwischen die beiden angrenzenden weißen Baukörper gespannt, bildet die Holzkonstruktion einen einzigen, großen Raum: Es ist ein Raum für ein Bild.

Die lichtdurchlässige Konstruktion der Außenwände mit einem einzigen Panoramafenster auf der Südseite ist eine Interpretation der ehemaligen durchlüfteten Holzkonstruktion der Scheune. Die Fassaden bestehen aus einer massiven, selbsttragenden Holzpfettenkonstruktion mit Lichtschlitzen.

Die Fugen zwischen den einzelnen Bindern wurden als Schlitzfenster ausgeführt; sämtliche Schlitzfenster können geöffnet werden und sorgen so für Luft und für die Leichtigkeit des Raums.

Das Fenster in der Südfassade – ein einziges, großes, quadratisches Fenster – bewirkt durch seine Tiefe eine Zweischichtigkeit, welche einen Übergang des privaten Innenraums zum öffentlichen Außenraum herstellt. Der Dorfkern mit Kirchturm und die Berglandschaft werden zu einem Bild, von innen durch das vertiefte Fenster eingerahmt, von außen durch Spiegelung wiedergegeben. Nachts kommt es zur Umkehrung: Das rote Bild im großen Raum zeigt sich durch das Fenster nach außen.

Fassade und Dach sind eine massive Pfettenkonstruktion aus Brettschichtholz.

Oben: Dorfkern und Kirche als »gespiegeltes Bild« auf der Scheibe des Panoramafensters.
Links: Zwischen den beiden Engadiner Häusern wurde der neue scheunenartige Bau als Einraum eingesetzt.

Rechte Seite oben: Wohnraum und Bild
Rechte Seite unten: Die Interpretation des ehemaligen durchlüfteten Scheunenbaus als lichtdurchlässige, mit Glasbändern und Holzriegeln gebaute Fassade

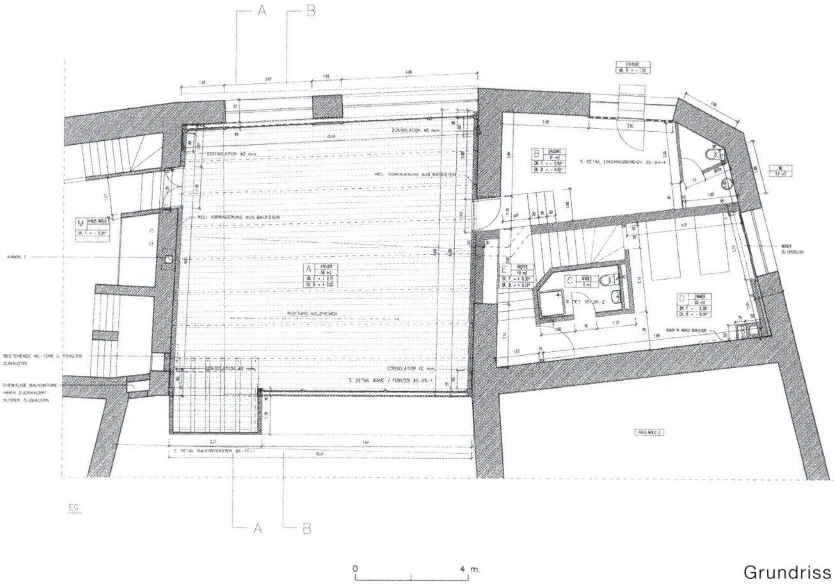

Grundriss

DIE BEDEUTUNG DER STADT

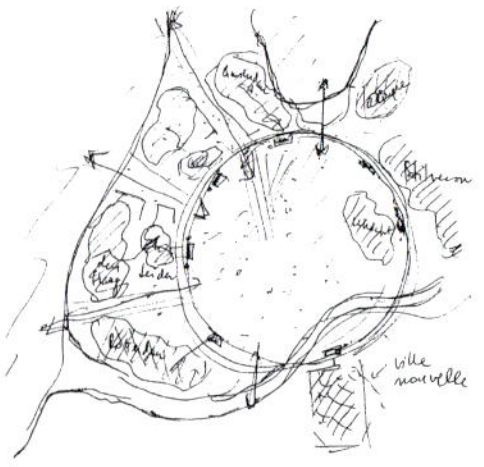

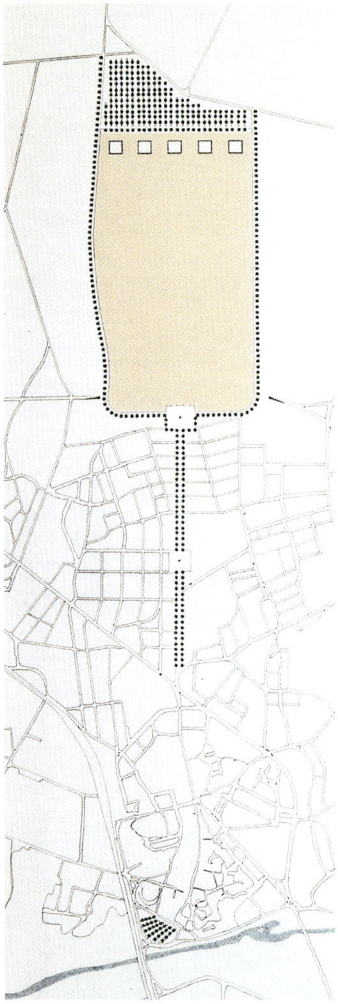

Ganz oben: Skizze »Deltametropole« (Niederlande), 2003
Mitte: Strukturierung Erweiterungsgebiet in Pordenone (Veneto, Italien), 2000
Unten: Wohnbauten »STOA«, Maastricht (Niederlande), 2003

Mit diesem Text beabsichtige ich nicht, über die neue Architektengeneration im Kanton Tessin irgendein Urteil abzugeben. Ich wäre dazu auch nicht in der Lage, denn ich kenne sie nicht gut genug. Von der älteren Generation stehen nur wenige mit ihnen in Verbindung, ausgenommen einige meiner ehemaligen Studenten und Assistenten, mit denen ich beste Kontakte pflege. In den letzten Jahren unterrichte und arbeite ich in Italien und beobachte, dass im Tessin viel gebaut wird. Es handelt sich vor allem um Einfamilienhäuser, und dies scheint mir ein Zeichen für vorhandenen Tatendrang mit Herzblut zu sein. Ich stelle außerdem fest, dass heute ein bemerkenswerter Unterschied zwischen jungen und alten Architekten besteht. Als Veteran auf diesem Gebiet war für mich die Stadt immer der Ausgangspunkt meiner Arbeit. Ich habe mich seinerzeit mit kritischen Beiträgen zu diesem Thema befasst, insbesondere mit Studien der italienischen Gruppe der Architekturfakultät Venedig mit ihrem hervorragenden Geschichtsinstitut, geleitet von Manfredo Tafuri und mit den theoretischen Ausarbeitungen von Aldo Rossi, Giorgio Grassi und anderen. Das hat es mir ermöglicht, die neuesten Erkenntnisse auf dem Gebiet der Stadtentwicklung in meine Arbeit einzubringen.

Auf europäischem Niveau stelle ich heute ein allgemeines Desinteresse gegenüber den Problemen einer Stadt zugunsten des Objekts selbst fest. Trotzdem läuft man einem Phantombild nach, sucht man um jeden Preis sowohl nach Originalität als auch nach Neuem, unterstützt vom außergewöhnlichen Instrument, dem Computer, der leider beim Projektentwurf immer mehr die Hauptrolle übernimmt, indem er das »moderne« Formenvokabular erst umzusetzen ermöglicht. Alle Anstrengungen der Architektur scheinen nur noch der Effekthascherei zu dienen. Persönlich verspüre ich immer mehr die Notwendigkeit, anstelle von unangemessener Wichtigtuerei bei der Arbeit Ruhe und Ausgeglichenheit zu finden.

Ich stelle fest, dass unsere demokratische Gesellschaft, die fortgeschrittenste Gesellschaftsform, die der Mensch jemals für sein Zusammenleben erfunden hat, nicht in der Lage ist, eine vernünftige Vorstellung einer ihr gemäßen Stadt zu entwickeln. Unsere wichtigste Aufgabe bleibt daher, Regeln und Bedingungen zu suchen, die ein Gerüst für künftige Realität sein können. In den letzten Jahren, bei der Arbeit an zahlreichen kleinen und großen Projekten, habe ich theoretische Prinzipien ausgearbeitet, die meiner Meinung nach eine neue Diskussion über die Zukunft unserer Städte eröffnen können.

Die heutigen Stadtplaner müssen sich den langen Zeiträume der städtischen Entwicklung gegenüber der Kurzlebigkeit der Architektur bewusst werden. Ihre Strategie des Eingriffs basiert also auf folgenden Vorgaben:

– Vorhersagen über Stadtentwicklung, die allerdings zum Großteil nicht zutreffen werden.

– So genannte »offene Bebauungspläne«, also Pläne, die bei falschen Prognosen den Tatsachen angepasst werden können. (Weil dies aber mit unendlich vielen neuen Grundsatzentscheidungen verknüpft ist, sollte man am besten auch auf offene Pläne verzichten.

– Der großen Komplexität der Stadt begegnet man am zweckmäßigsten mit der großen Komplexität des Plans.)

Diesen Prinzipien stelle ich folgende gegenüber:

– Den langen Zeiträumen der Stadtentwicklung muss man mit kurzen Zeiträumen des architektonischen Projekts begegnen. Das bedeutet, dass ein Projekt in sich geschlossen ist und nicht eine Entwicklung der Stadt abwartet. Ein solches Vorgehen erlaubt maximale Flexibilität in der Stadtentwicklung, weil so Probleme im Moment des Entstehens beseitigt werden können.

– Es sind präzise Grenzen der Stadterweiterung zu setzen, die neue Elemente der räumlichen Definition des Territoriums werden sollten.

– Der Komplexität der Stadt begegnet man mit klaren und einfachen Projekten.

Um auf die Tessiner Umgebung, von der ich ausgegangen bin, zurückzukommen: Ich habe nicht den Eindruck, dass die neue Generation an städtebaulichen Problemstellungen besonders interessiert ist. Sie zeigt auch wenig Interessse an diesen Einsichten, die aber von einigen meiner Kollegen geteilt werden. Ein Grund dafür könnte im Generationenunterschied liegen. Seit Jahren leite ich in Montecarasso ein »internationales Entwurfsseminar für Studenten und frisch diplomierte Architekten«. Dabei sind bestimmte Themen oft Gegenstand lebhafter Debatten mit der neuen Generation. Leider muss ich aber erwähnen, dass fast keine jungen Schweizer daran teilnehmen und dass insbesondere Tessiner durch Abwesenheit glänzen. Trotzdem bin ich zuversichtlich: Wahrscheinlich fehlen sie, damit sie völlig ungebunden, ohne die Anwesenheit »alter« Meister, ihre eigenen Erfahrungen vertiefen können. Für die Erneuerung der Architektur haben sie aber mein volles Vertrauen.

ÖFFENTLICHE GEBÄUDE ▷

MICHELE ARNABOLDI

RAIFFEISENBANK IN INTRAGNA

2001–2002

Der Ortskern der Gemeinde Intragna liegt oberhalb der durch das Centovalli führenden Kantonalstraße. Rechtwinklig zur Straße, im steilen Berghang verankert, erhebt sich der dreigeschossige Neubau der Raiffeisenbank. Die beiden unteren Ebenen werden von der Bank genutzt, im Obergeschoss befindet sich eine Wohnung. Die oberen beiden Geschosse haben direkten Zugang in den terrassierten Garten. An der nördlichen Grundstückskante verläuft ein öffentlicher Weg, der über Treppen und Durchgänge den unterhalb liegenden Ortsteil mit dem höher gelegenen Ortskern verbindet. Dieser Staffelweg betont die im Laufe der Besiedlung angelegten Terrassen und markiert die unregelmäßig gezogenen Besitzgrenzen. Der Architekt hat das Terrassenthema aufgenommen und daraus Wege und Außenräume vom öffentlichen Vorplatz an der Straße bis zu den Terrassengärten im Neubaubereich entwickelt.
Die Besonderheit des Bankgebäudes wird durch eine strenge Architektur erzeugt, die dann von Öffnungen unterbrochen wird, die zum Teil auf die traditionellen Fensterordnungen der umliegenden Häuser zurückgreifen. Licht und Schatten auf einigen matten Fensterflächen erinnern an traditionelle Wandmalereien an öffentlichen Gebäuden.

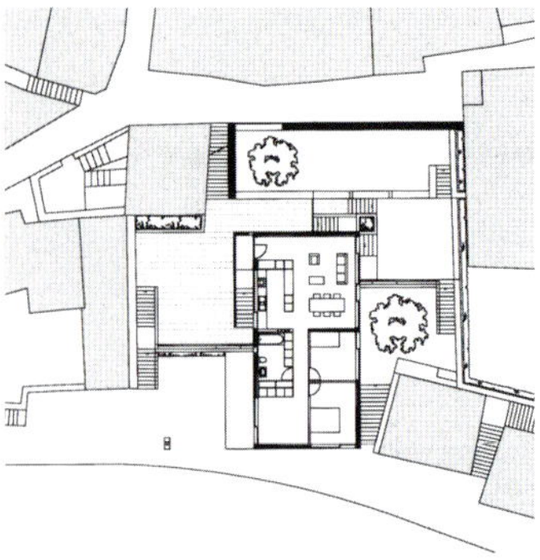

2. Obergeschoss

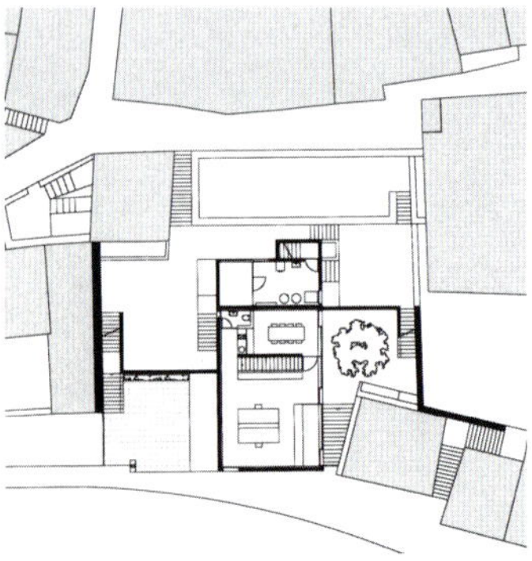

1. Obergeschoss

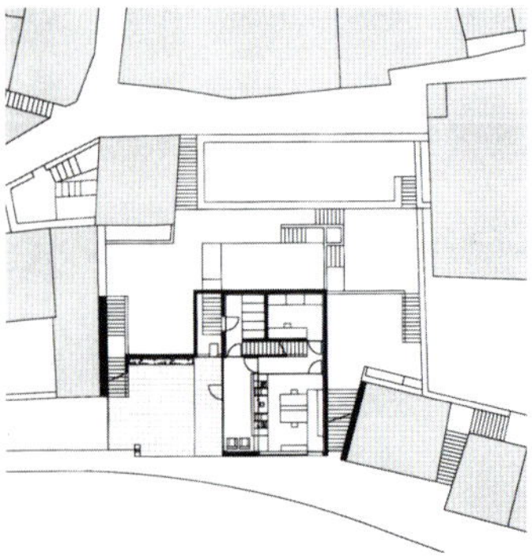

Grundriss Erdgeschoss

Rechts beide: Naturstein, Sichtbeton und Glas bilden die Materialpalette innen und außen.

Oben und rechts: Eine Sequenz von kleinen Plätzen und Treppen nimmt das historische Thema des Ortes am Hang auf.
Unten: Der öffentliche Weg an der nördlichen Grundstückskante folgt den im Laufe der Jahrhunderte angelegten Terrassen des bestehenden Geländes und verbindet die beiden Ortsteile oberhalb und unterhalb der Straße.

ÖFFENTLICHE GEBÄUDE ■ RAFFAELE CAVADINI

ETHNOGRAFISCHES MUSEUM IN OLIVONE

1998–2000

Auf der Rückseite des aus dem 17. Jahrhundert stammenden Pfarrhauses wurde 1965 die neue Schule von Olivone gebaut. Das moderne Schulgebäude besteht aus zwei parallelen Baukörpern, die über einen höher liegenden gemeinsamen Schulhof miteinander verbunden waren. Ein direkter Bezug zum alten Pfarrhaus bestand nicht. Das städtebauliche Anliegen des Entwurfs ist es, diese Situation zu korrigieren und die bestehenden Gebäude in ein neues Verhältnis zueinander zu setzen.

Das neue lang gestreckte und schlanke Gebäude zwängt sich in den Zwischenraum zwischen Schule und Pfarrhaus. Dieser Eingriff rechtfertigt sich aus der funktionalen Zugehörigkeit der einzelnen Geschossebenen zu Schule und kleinem Museum. Im Untergeschoss des Neubaus ist die Erweiterung des kleinen Museums untergebracht. Im Obergeschoss liegt der große Mehrzwecksaal, der für Wechselausstellungen, Vorträge und Seminare genutzt wird.

Mit der Gebäudestruktur werden Themen der traditionellen Bauweise im Bleniotal mit moderner Architektur interpretiert, wie zum Beispiel der kompakte Sockel mit Eckpfeilern, auf denen das Dachtragwerk mit Graniteindeckung aufliegt.

Eine einzige vorgespannte Deckenplatte, mit einer Tragweite von beinahe 34 x 6,50 Metern, ist auf die Stirnseiten und die beiden Mittelpfeiler aufgelegt. Das Tragwerkskonzept ergibt sich zwangsläufig aus dem geforderten Programm von Mehrzwecksaal im Erdgeschoss und Ausstellungsraum im Untergeschoss. Die Anbindung über den quer eingelegten Eingangsbereich ermöglicht Einblicke ins Museum über den Luftraum und stellt den geforderten optischen Bezug zur Kirche her.

Oben: Das alte Pfarrhaus und das Museum sind nur im Untergeschoss miteinander verbunden.
Links: Zugang zum Mehrzwecksaal

Rechte Seite: Über die Fassade aus Glasbausteinen wird das im Untergeschoss gelegene Museum belichtet.

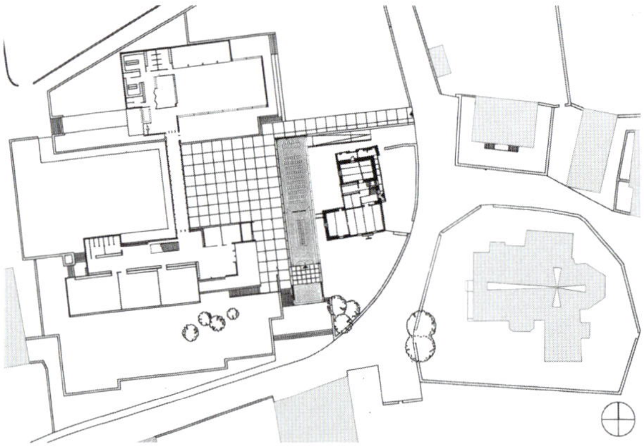

Lageplan

Ausstellungsraum

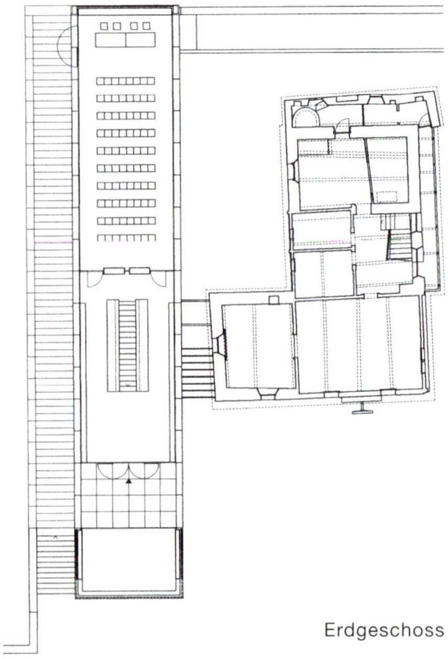

Erdgeschoss

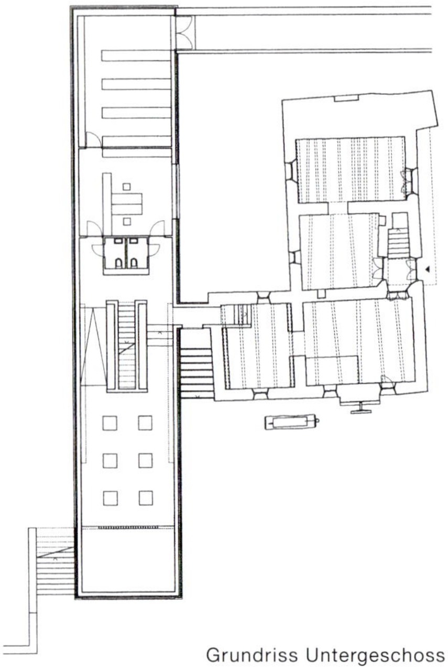

Grundriss Untergeschoss

Oben: Das Museum zwängt sich in die Lücke dicht neben das alte Pfarrhaus. Bestehende Ordnungen wie Sockelhöhe und Material oder Traufhöhe sind im neuen Gebäude aufgenommen.
Unten: Treppenabgang vom Foyer in das Museum

ÖFFENTLICHE GEBÄUDE ■ GIORGIO + GIOVANNI GUSCETTI

HOTEL UND PARKHAUS IN AIROLO

1996–2001

Das Projekt ging aus dem Wettbewerb »Airolo idea avvenire« hervor und beinhaltet die Gestaltung der Ortsmitte von Airolo, das unmittelbar am südlichen Portal des Gotthardtunnels liegt.

Der talwärts gerichtete Terrassenplatz, der in einem Laubengang endet, wird zum Zielort der Fußdurchgänge und allgemeiner Kommunikationsmittelpunkt. So erhält diese große, für den Publikumsverkehr erschlossene Fläche mit Ausblick auf die umgebende Berglandschaft öffentlichen Charakter und kann für kulturelle Anlässe und Freizeitaktivitäten genutzt werden.

Der aufragende Turm verstärkt die vertikale Verbindung zwischen dem unteren und oberen Stadtteil, zwischen dem Parkhaus und dem neuen Stadtplatz. Er steht da wie das Symbol der Verbindungsachse zwischen Himmel und Erde und bietet sich überdies als hervorragender Aussichtspunkt an.

Eine Reihe von Einzelhandelsgeschäften, die zum Teil unterhalb oder am Platz stehen, sowie das umgebaute Hotel bieten die notwendigen Nebenräume und beleben den öffentlichen Platz. Das Parkhaus geht über vier Geschosse. Im untersten Geschoss liegt die Straßenunterführung mit einer Fußgängerpassage.

Die Architektur wird von den vielen Durchgängen und Wegen geprägt, die gleichzeitig das Gefüge dieser Ortschaft kennzeichnen. Der Turm steht an der Kreuzung zwischen der Querstraße und der Treppe, die zur Via San Gottardo führt und verbindet somit Neubau und Platz mit dem bestehenden Straßennetz. Der Baukörper ist im Berg verankert und erhebt sich auf der Südseite mit vier Stockwerken wie die benachbarten Bauten auf der Viale Stazione.

Enge Gassen und Wege sind ortstypisch für Airolo.

Oben: Die Freifläche auf dem Dach des Parkhauses wird als Veranstaltungs- und Kommunikationsfläche genutzt. Hier liegen die Zugänge zum Hotel und zu den Läden.
Unten: Der Turm symbolisiert die Verbindung der beiden Stadtteile.

Obergeschoss

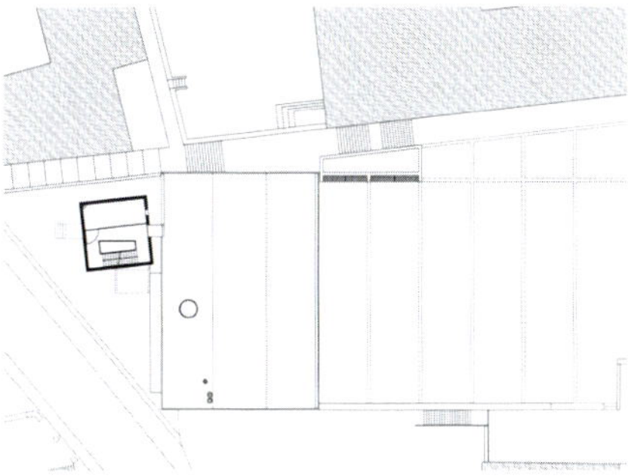

Erdgeschoss

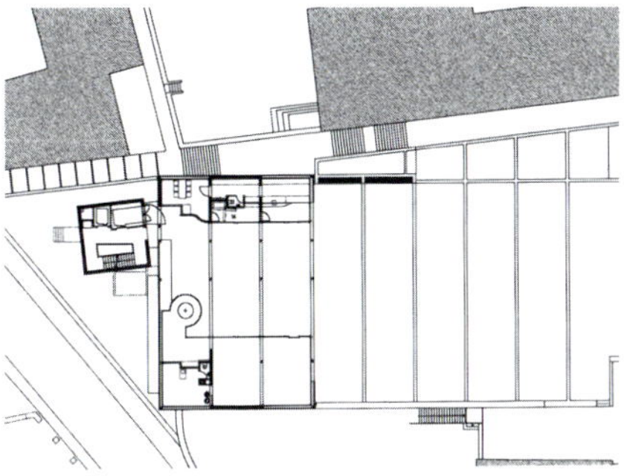

1. Untergeschoss

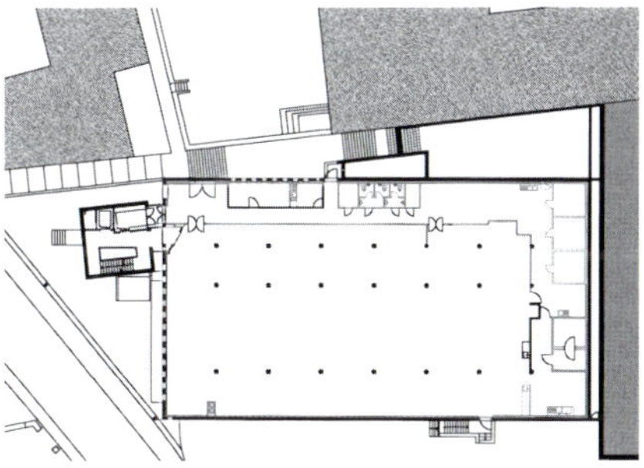

Grundriss 2. Untergeschoss

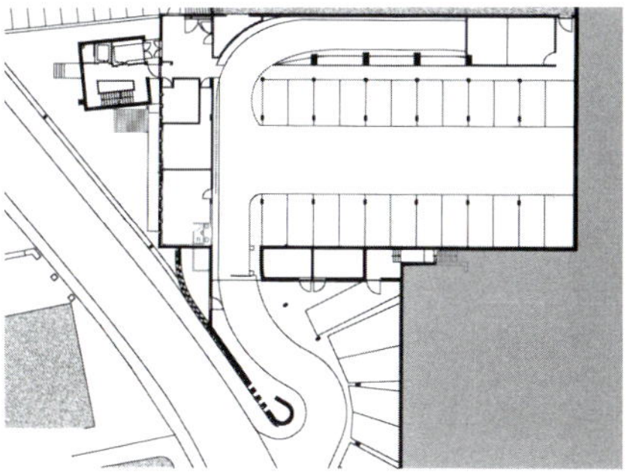

ÖFFENTLICHE GEBÄUDE ■ MASSIMO MARAZZI

KINDERGARTEN IN COLDRERIO

1994–1996

Das Kindergartenprojekt war eingebunden in eine umfangreiche städtebauliche Neuordnung einer gemeindeeigenen Fläche in Coldrerio, auf der sich auch die Grundschule, das Gemeindehaus und die Sportanlagen befinden.

Das neue linear angelegte Gebäude nimmt den geneigten Geländeverlauf auf und teilt das Gelände in einen höher gelegenen Park und die tiefer liegenden Sportplätze.

Der gedeckte Eingangsbereich zu den einzelnen Kindergartengruppen ist Teil einer fußläufigen Verbindung zwischen dem alten Dorfkern auf der einen Seite und dem Wohnquartier »Mercole« auf der anderen Seite.

Das Gebäude des Kindergartens ist in drei Schichten aufgebaut. Zwischen dem Zugangsbereich und den allesamt zum Park hin ausgerichteten Gruppenräumen befindet sich eine Nebenraumspange. Die dreiteilige Struktur ist in der Dachlandschaft von außen ablesbar.

Der lange, gedeckte Eingangsbereich verbindet den alten Dorfkern mit einem neuen Wohngebiet.

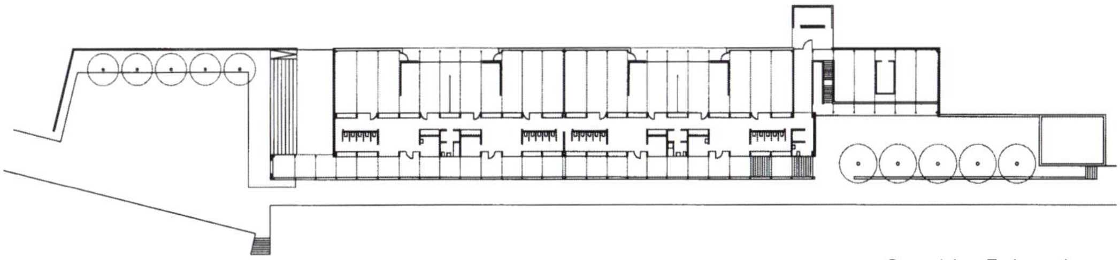

Grundriss Erdgeschoss

Unten: Die gegenüber den Sportplätzen höher gelegenen Gruppenräume der Kinder
Ganz unten links: Innenansicht Gruppenraum
Ganz unten rechts: Eingangsbereich und Zugänge zum Kindergarten

BÉLEN ALVES PFISTER + NICOLA PFISTER

HOTELANBAU IN VACALLO

1999–2001

Der Entwurf ist bemüht, den vorhandenen Gegebenheiten in jeder Hinsicht gerecht zu werden. Der Erweiterungsbau auf der Südostseite des bestehenden Hauses ist ein eigenständiger Baukörper, der durch ein gläsernes Zwischenstück mit dem Altbau verbunden ist. Dadurch entsteht eine gewisse Distanz zum traditionellen Gebäude, die auch eine optimale Raumgestaltung im Innenbereich ermöglicht und Tageslicht einfließen lässt. Zusätzlich erschließen sich interessante Ausblicke auf den Vorplatz. Nach Süden liegen die beiden unterschiedlichen Bauten auf der gleichen Linie und betonen dadurch den Zusammenhang des Gesamtbauwerks. Der Anbau schafft eine klare Front in Richtung Ortskern und stellt der Kirche von San Simone eine Fassade gegenüber, die die räumliche Qualität der kleinen Piazza verstärkt. Alle neuen Haupträume sind zum Tal oder auf die öffentlichen Bereich hin ausgerichtet.

Die Außenwände des Neubaus sind mit dunkelgrauen Zementwerksteinen in zwei verschieden Stärken verkleidet. Die Südostfassade stellt mit hellen Granitintarsien eine Verbindung her. Die plastische Anordnung der Steine bewirkt ein lebendiges Spiel von Licht und Schatten. Eine weit vorstehende Betondachkante krönt den Bau.

Der Neubau entwickelt sich auf drei Etagen und zwei Kellergeschossen (Autogarage und Weinkeller). Der Eingang liegt im Verbindungsteil zwischen Alt- und Neubau. Von hier führt eine Treppe direkt ind die Weinstube. Das gläserne Zwischengebäude mit den Verbindungstegen zu den Zimmerfluren erlaubt immer wieder einen Blick auf die Dorfkirche.

Die im Schmuckverband zum Platz orientierte Fassade wird über einen Glasschlitz vom Altbestand getrennt.

Die Westfassade mit Gemeinschaftsräumen
und den Zimmern

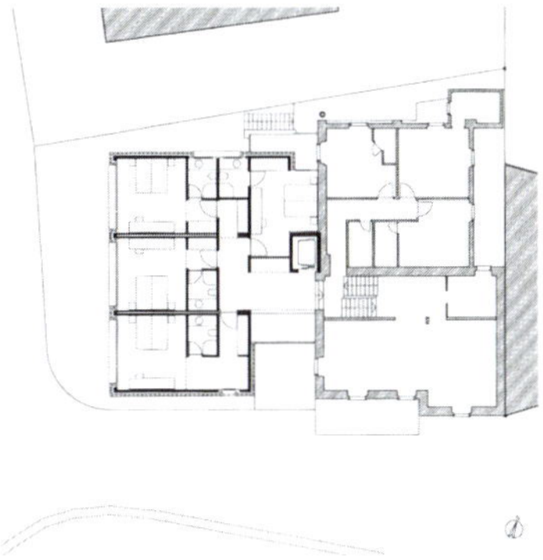

Obergeschoss

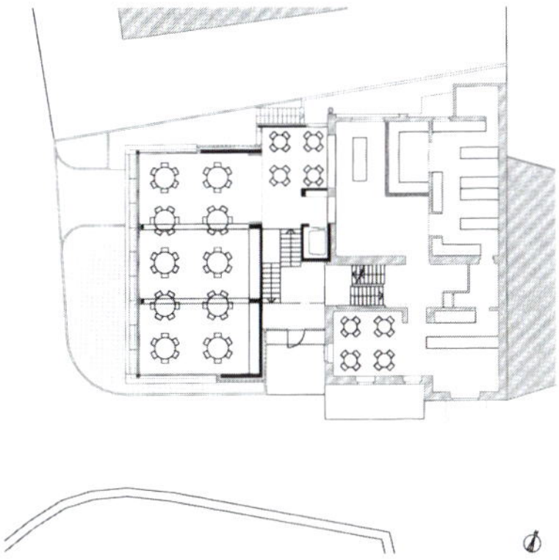

Erdgeschoss

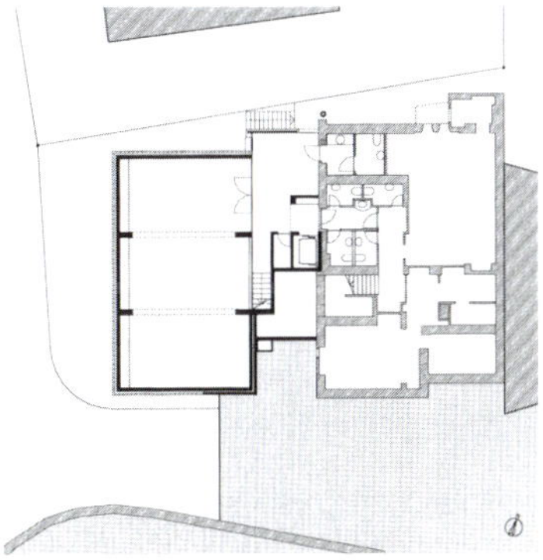

Grundriss Untergeschoss

ÖFFENTLICHE GEBÄUDE ■ LORENZA MAZZOLA – LUKAS MEYER – IRA PIATTINI

KINDERGARTEN IN LUGANO

2002–2003

Die Umnutzung eines alten Industriebaus und der Einbau eines Kindergartens ist das Thema des vorliegenden Projektes. Das bestehende Gebäude, eine Stahlbetonskelettstruktur aus den fünfziger Jahren, war geprägt von großzügigen Raumzuschnitten und großen Fensterflächen, verbunden mit einer großen Geschosshöhe. Die günstige Nähe zu den Sportanlagen und der benachbarten Quartierschule legte die neue Nutzung als Kindergarten nahe.

Die Gebäudehülle wurde im Wesentlichen erhalten. Einzelne Abbrucharbeiten zur Freistellung des eigentlichen Baukörpers, geringfügige Anpassung von Fensterformaten und ein durchgängiges Vordach auf der Gartenseite sind die Maßnahmen, die neben der Neugestaltung des Fabrikhofes vorgenommen wurden. Entsprechend dem schmalen Budget werden auch im Innenbereich die charakteristischen Details der lichtdurchfluteten Gewerbearchitektur beibehalten. Zur Straße hin und im Eingangsbereich wurden die für die Nutzung notwendigen Garderoben, Küche, Büro und Nebenräume untergebracht. Die Gruppenräume sind über zwei Geschosse zum Garten hin orientiert. Die neuen Einbaumöbel und die Parkettböden, verbunden mit dem sorgfältig zusammengestellten Farbkonzept, bringen ein Ambiente hervor, das die alte Gewerbestruktur beinahe spielerisch in eine Kinderwelt überführt. Der Zugang über den ehemaligen Firmenhof, der zum großzügigen Grünbereich des Kindergartens umgestaltet wurde, vervollständigt das gestalterische Konzept.

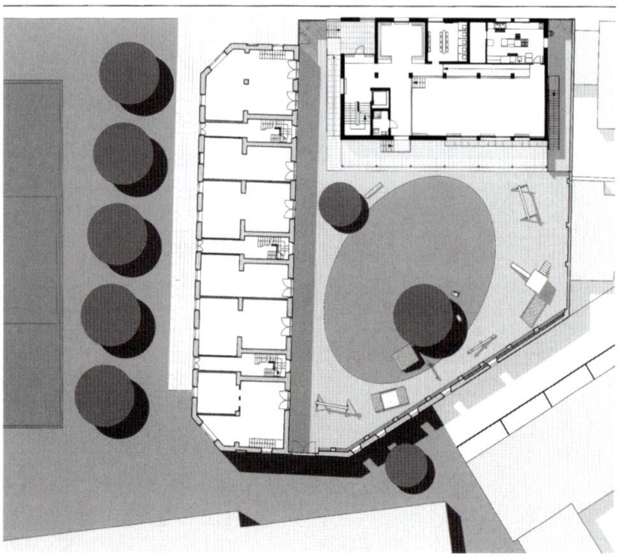

Grundriss Erdgeschoss

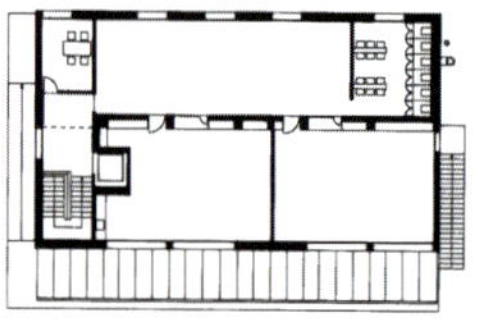

Obergeschoss

Rechte Seite oben und Mitte: Das neue Vordach bildet die Zwischenzone zwischen dem Gruppenraum und dem neu gestalteten Freibereich. Rechte Seite unten: Die bestehende Struktur und die Rampe wurden erhalten. Über das Farbkonzept wird eine lebhafte und spielerische Kinderwelt erreicht.

DIE TESSINER ARCHITEKTEN DES 21. JAHRHUNDERTS

Piazza del Sole, Bellinzona

Innenansicht Verwaltungsbebäude »Ferriera«, Locarno, 2004

Sporthalle Losone, Außenansicht (oben), Innenansicht (unten)

Ich habe keine Vorstellung davon, wie die Tessiner Architekten der Zukunft bauen werden. Wenn es möglich wäre, würde ich alles tun, um ihnen den Weg zu zeigen. Ich kenne jedoch ihre Wesensart, denn mein Land und seine Bevölkerung sind mir vertraut.

Die Tessiner Architekten des 21.Jahrhunderts werden nicht mehr im ländlichen Leben eingebunden sein, wie ich es in meiner Kindheit war, sondern sie werden der Welt aufgeschlossen gegenüberstehen. Ihr Selbstverständnis entspringt nicht mehr irgendwelchen unwirklichen Wurzeln, sondern einer neuen Auffassung von Modernität. Selbstverherrlichung, Patriotismus und Nostalgie wird es nicht mehr geben.

Weil sowohl sie als auch wir am Rande der großen Städte leben und arbeiten, werden wir uns immer in einem Zustand von Inaktualität befinden. Aber es wird für uns auch eine Verpflichtung im Beruf sein, Zeitlosigkeit zu erreichen, die unser Handeln loslöst von dem schlimmeren Übel der Mode.

Ihre Architektur wird kultureller Ausdruck einer Minderheit sein. Sie ist nicht interessiert am Beifall der Massen, an den Begleiterscheinungen von Freiheit und Demokratie, an der Nachgiebigkeit, am Fehlen der Form. Sie werden ungehorsame Diener des herrschenden Geschmacks sein.

Ihre Arbeit wird geboren werden aus einem Traum von Perfektion und dem Wunsch die Welt zu verändern. Die Wirklichkeit einfach als gegebene Tatsache hinzunehmen, das würden sie als zynisch empfinden.

Sie werden nicht versuchen, in einem Projekt den Weg des geringsten Widerstands zu gehen, sie werden sich im Gegenteil den großen Problemen der Architektur stellen. Denn es gehört zu ihrer Arbeit, hartnäckig einen perfekten architektonischen Ausdruck zu erreichen.

Sie werden dem Bild ähneln, das Jorge L.Borges von Paul Valéry entwirft: »...ein Mann, der in einem Jahrhundert, das die chaotischen Idole des Blutes, der Erde und der Leidenschaft verehrt, immer die leuchtenden Freuden des Gedankens und die geheimen Abenteuer der Ordnungvorzieht.«

Sie werden keine neuen Formen suchen, sondern den Kern einer Idee. Es werden redliche Menschen sein, keine Zyniker. Sie werden sich vom Banalen und Überkommenen abwenden und unvergängliche ästhetische Werte schaffen.

Sie werden nicht darin Genugtuung finden, frei zu arbeiten, sondern frei zu denken.

Wie kommt es, dass dies alles ausgerechnet im Tessin passiert?

Weil dies ein Land ist, das noch vor wenigen Jahren in tiefster Armut gelebt hat.

Weil hier die Begegnung mit zugezogenen fremden Menschen das Interesse für deren kultur geweckt hat.

Weil neue Kommunikationstechniken das Land an das übrige Europa angebunden haben.

FREIZEIT ▷

ALPHÜTTE CRISTALLINA IN BEDRETTO

1999–2003

Der Entwurf geht auf einen Wettbewerb zurück, den der CAS – Club Alpino Svizzero (Schweizer Alpenclub) – und der FAS – Federazione Alpina Svizzera (Schweizer Alpenverein) – ausgelobt hatten, nachdem die ehemalige Berghütte von einer Schneelawine verschüttet und zerstört wurde. Das neue Berghaus liegt bei Bedretto auf der Gotthardsüdseite, in der Nähe des Cristallina-Passes, auf zirka 2580 Meter Höhe.
Auf Wunsch des Bauherrn wurde als Standort für den Neubau nicht der ursprüngliche, etwas heikle Platz gewählt, sondern eine in der Nähe liegende, nach Süden orientierte Geländeterrasse. Das Gebäude soll einerseits einen Bezug zu der imposanten umgebenden Landschaft haben, andererseits aber auch an die in das alpine Gelände eingefügten Behausungen und Ställe der Bergbauern erinnern.
Die minimalistische Gestaltung des Baukörpers – das Hauptmerkmal der neuen Berghütte – macht ein dialektisches Miteinander von Natur und Menschenwerk deutlich, während sich die Bautradition der Almhütten in der einfachen, lang gestreckten, durch das Flachdach betonten Form und durch das verwendete Baumaterial – Naturstein und Holz – fortsetzt. Ein aus Steinen – die von der ehemaligen Hütte stammen – gebildeter Grundsockel wird zur südlich ausgerichteten Terrasse. Die Holzhaut der Wohnräume wurde aus Fertigteilen hergestellt und vor Ort montiert. Die leichte Auskragung markiert und schützt den Haupteingang.

Wie gestrandet liegt der Holzkörper auf einer nach Süden ausgerichteten Geröllfläche.

Innenraum

In dem zum Teil in den Boden versetzten Grundsockel befinden sich der Eingang, die Toiletten, die technischen Räume, die Lagerräume für Gäste und Hüttenpersonal. Der in zwei zu je 60 Personen teilbare Essraum liegt auf der Höhe der Terrasse. Die Hauptküche ist gegen Süden gerichtet und direkt mit der Wohnung des Hüttenwirts verbunden. Im Obergeschoss befinden sich alle Schlafräume.

Der langgestreckte Holzkörper, der leicht versetzt auf dem Backsteinsockel liegt, erinnert an die alten hölzernen Berghütten und zeigt die Blickrichtung ins Tal.

Oben: Blick in den Aufenthaltsraum
Rechts: Der gemauerte Sockel, die Stützmauer und der weit auskragende Holzkörper rahmen Bilder aus der bizarren Berglandschaft.
Linke Seite: Einfache Lochfenster und eine simple Holzschalung vermitteln die wackelige Position zwischen festem Felsensockel und dem Himmel.

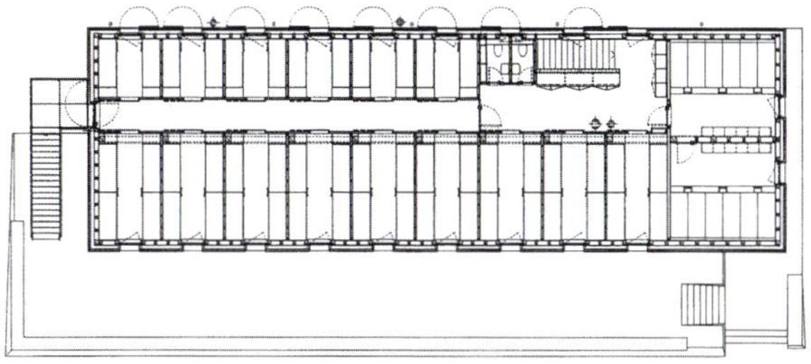

Obergeschoss

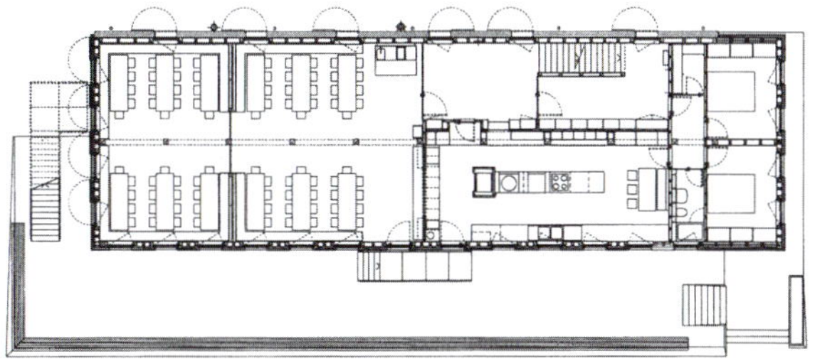

Erdgeschoss

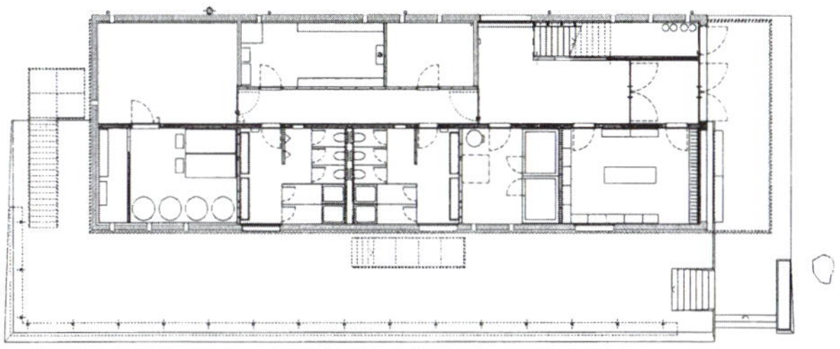

Grundriss Untergeschoss

KLETTERHALLE IN AMBRI

1997–1998

Ambri ist ein kleines Bergdorf am Fuße des St.-Gotthard-Massivs, am Rande einer landwirtschaftlich genutzten Ebene. In der Nähe des Dorfes liegen ein Sportflugplatz und eine Freizeitanlage mit Tennisplätzen und einigen kleinen Seen.

1997 entschloss sich der Tessiner Alpenverein, Sektion Ritom, zum Bau der Kletterhalle bei Ambri. In intensiver Zusammenarbeit mit dem Bauherrn und den Kletterexperten des Vereins entstand ein Bauwerk, das alle an eine solche Anlage gestellten Anforderungen – zwei getrennte Räume für verschiedene Schwierigkeitsgrade, Übungsmöglichkeiten für Frei- und Extremkletterer – erfüllt.

Der turmartige Baukörper steht an der Zufahrt zur Freizeitanlage in einem Baugürtel, der die kleinen Seen umschließt. Die in Stahlbeton ausgeführte Konstruktion lässt schon von außen ablesen, welch gewaltige Überhänge den Kletterer innen erwarten. Die Außenverkleidung, die auf die Isolierschicht folgt, besteht aus gesägten, unbehandelten Lärchenholzbrettern. Diese verfärben sich unter der Einwirkung von Wind und Wetter und passen sich so dem umgebenden Gehölz an. Auch das Stahlblech des Daches fügt sich in die Umgebung ein: Es glitzert wie die Wasserfläche der Angelseen.

Die Innenräume sind optimal durchlüftet und beheizt. Die künstliche Beleuchtung, blendungsfrei für die Sportler, besteht aus zwei großen zentralen Strahlern und einer Reihe von Lampen entlang der transparenten Wand, die die beiden Kletteräume trennt. Durch das große Dachfenster fällt Tageslicht in das Gebäude. Von dort oben bietet sich ein großartiger Ausblick auf die weite Ebene und auf das Gotthardmassiv – aber erst muss man so hoch hinauf geklettert sein!

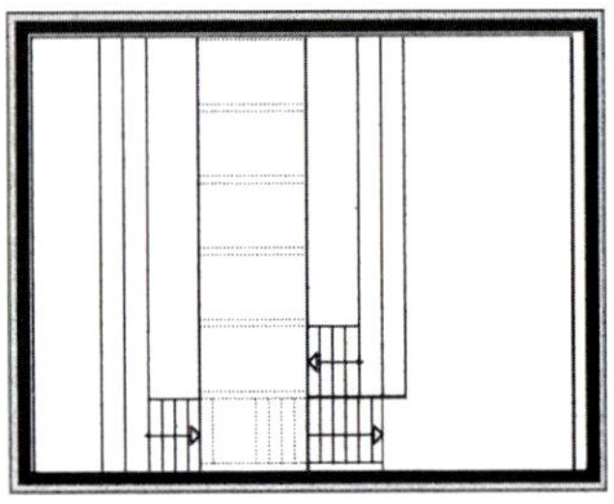

2. Obergeschoss

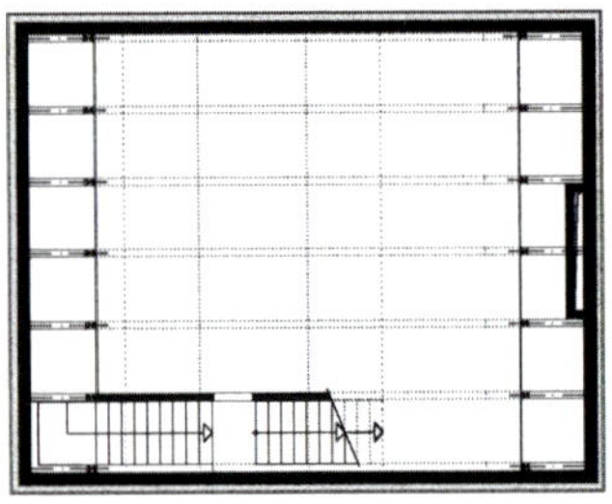

1. Obergeschoss

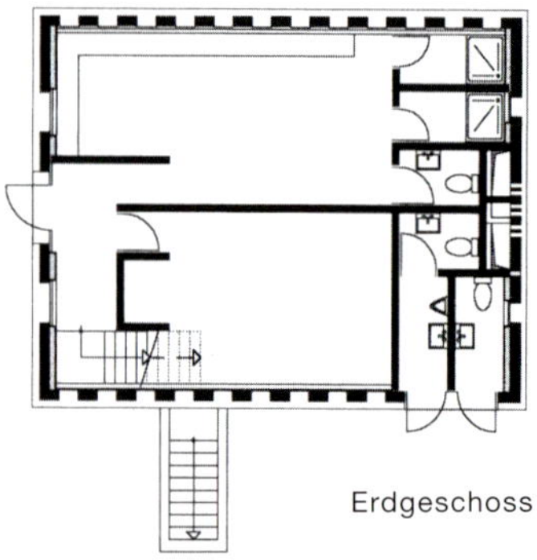

Erdgeschoss

Alle Bilder auf dieser Seite: Die äußere Form der Hülle resultiert aus dem inneren Verlauf der Kletterwand. Das beinahe wie eine Stele in der Landschaft stehende Gebäude hat am höchsten Punkt ein Panoramafenster, das erst erklettert werden muss.

KULTURZENTRUM »LA FABBRICA« IN LOSONE

1996–2001

Das vorliegende Projekt »La Fabbrica« wurde in zwei Abschnitten geplant und erstellt. Der erste Bauabschnitt sah die Neustrukturierung und Umnutzung einer ehemaligen Spielwarenfabrik in ein Kultur- und Freizeitzentrum vor. Im bestehenden Gebäude mussten flexibel nutzbare Räume und Ateliers geschaffen werden, in denen im Wechsel unterschiedliche Aktivitäten wie Tanz und Gymnastik, Ausstellungen, Musik- und Theaterveranstaltungen stattfinden sollten.
In einem zweiten Schritt sollten benachbarte Scheunen einem Neubau weichen, in dem eine Schreinerwerkstatt und zusätzliche Lager- und Nebenräume unterzubringen waren. Diese erweiterte Konzeption legte eine einheitliche, klare Gestaltung der gesamten Anlage nahe. Dem bestehenden alten Fabrikgebäude wurde deshalb ein quaderförmiger Baukörper gegenübergestellt, mit ähnlichen Dimensionen, aber in zeitgemäßer architektonischer Sprache.
Die vorfabrizierte Holzkonstruktion ist modular aufgebaut und bietet Raum für eine Schreinerei, ein Architekturbüro, eine Kunstgalerie und eine kleine Bar. Die einheitliche Raumhöhe in allen Achsen erlaubt wahlweise das Einziehen eines Galeriegeschosses je nach Anforderungsprofil. Zusätzlich sind im Untergeschoss neben der Technik ein kleiner Aufführungssaal und eine Musikschule untergebracht.
Die Zugänge zu den einzelnen Einheiten liegen an den inneren Längsseiten der beiden Gebäude. Die auf dreieckigen Stützscheiben gelagerten Vordächer werden auf der zum Innenhof zeigenden Fassade des alten Gebäudes wiederholt und schaffen so eine gestalterische Einheit und die Einbindung des Altbaus in die Gesamtanlage.
Der lang gestreckte Innenhof zwischen Alt- und Neubau ist nicht nur das Haupterschließungselement für alle Nutzungen, sondern auch Schauplatz für die unterschiedlichsten kulturellen Veranstaltungen unter freiem Himmel. Eine Treppenanlage im vorderen Hofbereich führt zum Untergeschoss und den Garderoben und Nasszellen. Analog dem Treppenelement wurde das andere Ende des Innenhofs mit einem kleinen Brunnen und einem Wasserbecken abgeschlossen.
Mit Ausnahme des betonierten Sockels ist Holz der konsequent verwendete Baustoff für das Gebäude. Massivholz wurde für alle tragenden Bauteile, wie Stützen, Träger und Decken sowie für die stirnseitigen Wandschalungen und die Fenster verwendet. Die Zwischenwände, die

Die weit auskragenden Vordächer am Alt- und Neubau stellen über den Innenhof eine gestalterische Einheit her. Im Vordergrund der Abgang zum Veranstaltungsraum im Untergeschoss. Das andere Hofende schließt ein kleines Wasserbecken ab.

Raumteiler und Galerien sind aus Spanplatten und anderen Holzwerkstoffen hergestellt. In der Regel sind die Baustoffe immer unbehandelt, lediglich vereinzelt wurden Innenwände weiß gestrichen.
Der Bodenbelag des Innenhofes ist ebenfalls mit Holzrosten belegt.

Oben: Die rückwärtige Fassade zeigt den modularen Aufbau und die Gleichbehandlung der einzelnen Fassadenteile, ungeachtet der Nutzung der dahinter liegenden Räume.

Unten: Das Wasserbecken vor der Bar und der Kunstgalerie

Innenansicht Architekturbüro

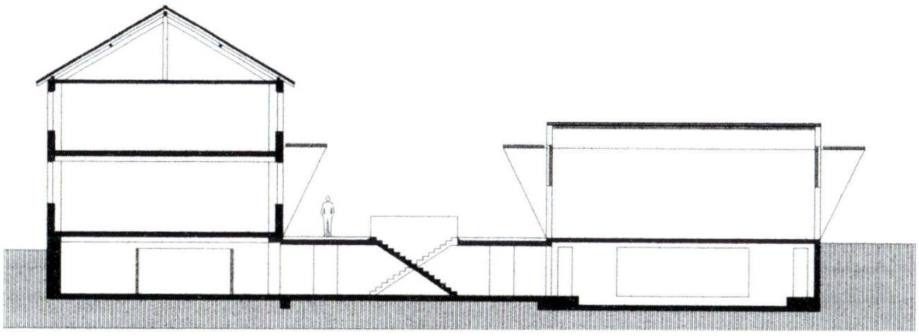

Schnitt

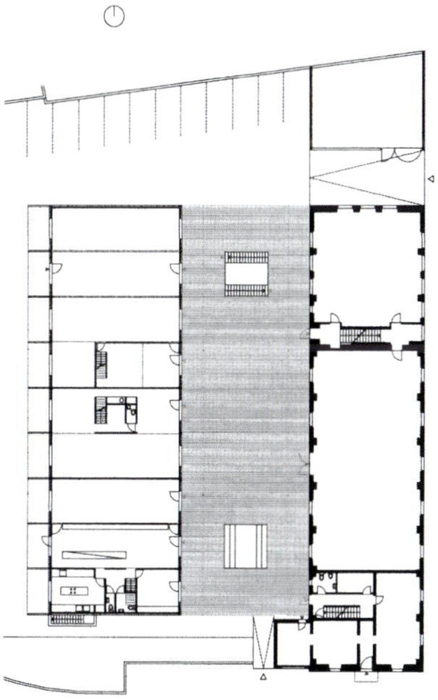

Grundriss Erdgeschoss

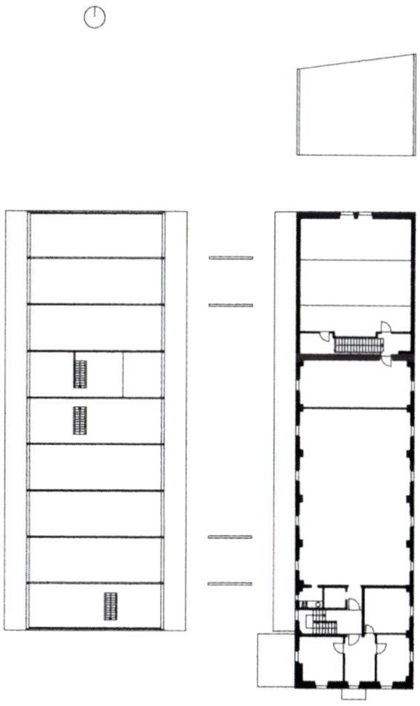

Obergeschoss

JUGENDHERBERGE SAN BERNADINO

2002

Zur Förderung der heimischen Wirtschaft beschloss die Graubündener Gemeinde San Bernardino – am San-Bernadino-Pass gelegen – ein Mehrzweckgebäude zu errichten, das als Jugendherberge mit 150 Betten, als Leistungszentrum für nordischen Skilauf und als Unterkunft für eine Kompanie Soldaten dienen sollte.

Der Architekt Lorenzo Felder aus Lugano, der den Ideenwettbewerb für das Projekt gewonnen hatte, konnte die Erwartungen der verschiedenen Nutzergruppen weitgehend erfüllen und eine ästhetisch anspruchsvolle Lösung präsentieren. Das von der Gemeinde zur Verfügung gestellte lang gestreckte Baugrundstück liegt am Fuße eines Abhangs am Ortsrand von Mesocco, am Ufer des Wildbachs Moesa. Auf der Bergseite des Unterkunftshauses breitet sich ein ebener Platz aus. Das dreigeschossige Gebäude, fast 60 Meter lang und gut 10 Meter breit, ist so in den Hang hineingebaut, dass nur das Erdgeschoss vollständig herausragt. Auf dieser Ebene betritt man das Haus von der Bergseite her durch einen geräumigen Vorbau. Im Erdgeschoss liegen außer dem Eingang ein großer Speisesaal, ein kleiner Saal, die Rezeption, ein Kiosk, die Küche und verschiedene Diensträume. Großflächige Glasfenster mit nach außen gesetzten Scheiben schaffen direkten Sichtkontakt mit der Bergwelt und den Häusern des Dorfes. In den beiden Untergeschossen, wo hauptsächlich die 20 Achtbettzimmer (pro Zimmer vier Doppelstockbetten) mit schmalen Fenstern zum Wildbach hin angeordnet sind, herrscht dagegen eine Atmosphäre von Gemütlichkeit und Geborgenheit.

Lageplan

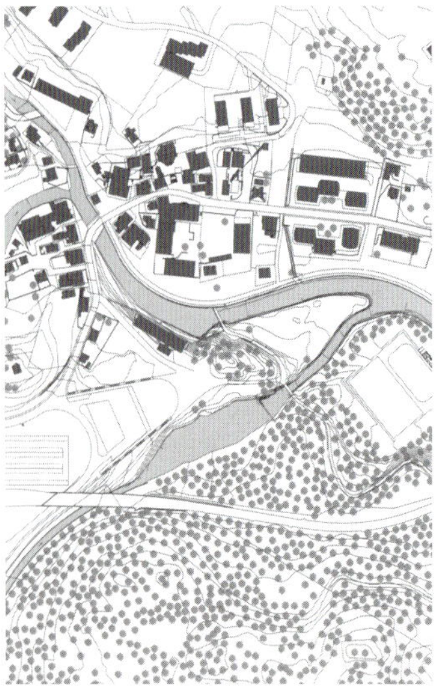

Die Glasflächen des Erdgeschosses auf beiden Längseiten des Gebäudes wirken vor der Übermacht der Bergkulisse auf den ersten Blick zu zerbrechlich, ungeeignet für die Härte der hochalpinen Landschaft. Aber der Architekt begründet seine verletzlich erscheinende Konstruktion mit einer veränderten Einstellung des Menschen zur Natur. Hat man sie vor 200 Jahren noch als unwirklich und menschenfeindlich empfunden, so dient sie heute als Schauplatz für Erholung und Abenteuer. Bei der Einweihung des Bauwerks sprach der Gemeindepräsident von Mesocco von einem neuen Kapitel der Ortsgeschichte. Wie zur Bestätigung strahlt das Ziegelrot der beiden unteren Stockwerke Dynamik und Optimismus aus und die Transparenz des Erdgeschosses bringt einen Hauch von Urbanität in die Urlandschaft an der Waldgrenze.

Rechts: Blick in den Flur und auf die vor den Zimmern liegenden Ablagen
Unten: In den Unterschossen liegen talseitig die Schlafkammern, darüber schwebt der lang gestreckte rundum verglaste Speisesaal und Aufenthaltsraum.

Oben: Aus dem Speisesaal im Erdgeschoss genießt man den unverstellten Ausblick auf die Bergwelt.

Unten: Treppenabgang zu den Zimmern im Unterschoss

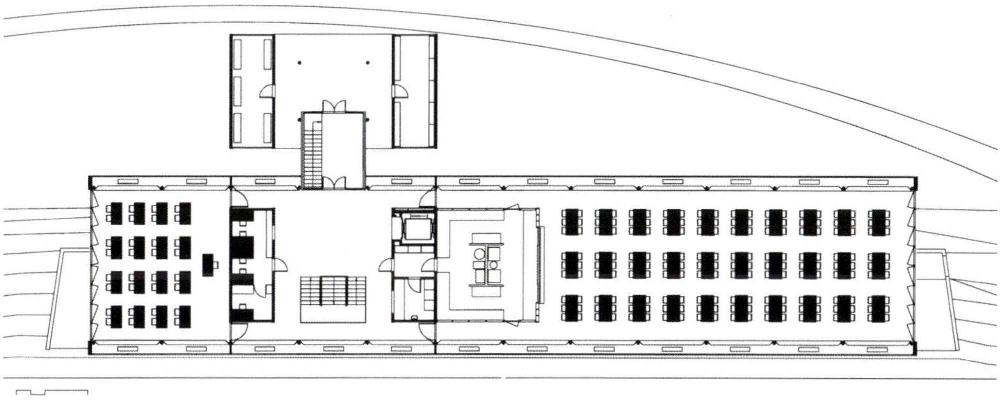

Obergeschoss

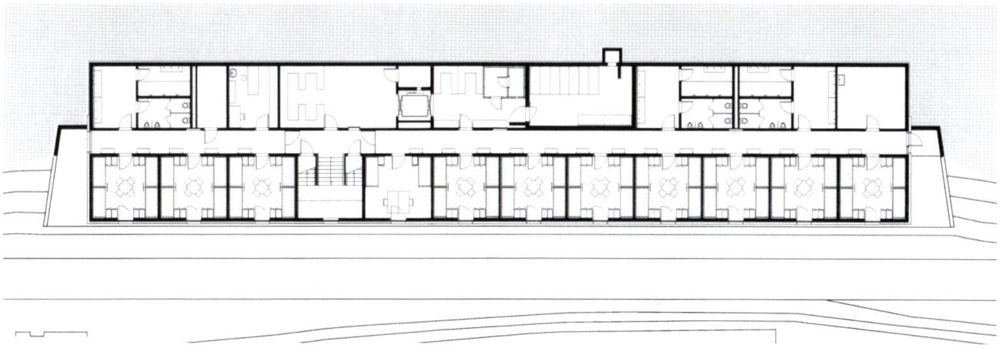

Erdgeschoss

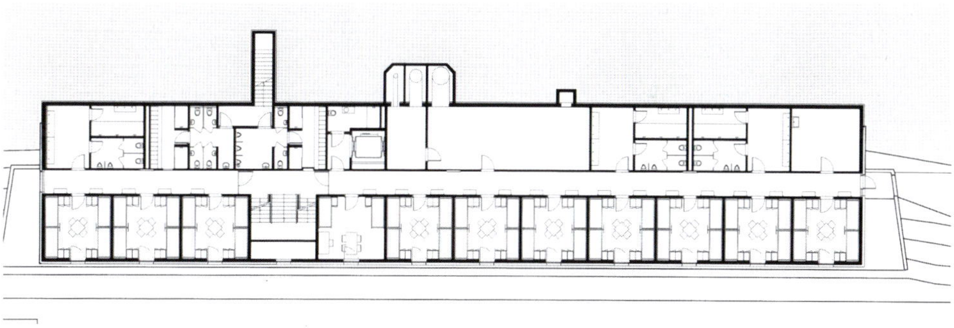

Grundriss Untergeschoss

Nachtansicht

KIRCHE UND KLOSTER

RAFFAELE CAVADINI

ORATORIO DI PORTA

1991–1996

Das kleine, bereits seit dem Mittelalter bestehende Porta liegt oberhalb von Brissago und hat eine eindrucksvolle Aussicht über den Lago Maggiore. Porta ist Ortsteil eines Gemeindeverbunds, der sich entlang des Seeufers in beide Richtungen ausdehnt. Jeder Ortsteil besaß schon immer eine eigene kleine Kirche zur eigenständigen Religionsausübung.
Nach alter Tradition in exponierter Lage errichtet, stand schon seit dem Mittelalter an dieser Stelle eine Gebetskapelle. Diese schien im Dialog zu stehen mit den Hauptkirchen »Madonna del Ponte« und der Pfarrkirche im tiefer gelegenen Brissago, beides Werke des Baumeisters Beretta und wichtige Zeitzeugen höchster Renaissancebaukunst des 16. Jahrhunderts im Tessin. In den letzten vier Jahrzehnten war die alte Kapelle jedoch zunehmend dem Verfall ausgesetzt. Es wurde beschlossen eine neue Kapelle an gleicher Stelle zu bauen.
Für die kleine Kirche spielt der mittelalterliche Ursprung des Ortes und der geschichtliche Bezug zur Renaissancebaukunst eine entscheidende Rolle. Beim Studium verschiedener Kapellen der Region konnte man Ähnlichkeiten feststellen, die diesen Gebäuden zu Eigen waren. So entsprach zum Beispiel die Dimension des gedeckten Außenraums der Größe des eigentlichen Gebetsraums.
Der Entwurf begegnet dieser Zweiteiligkeit mit einer Konstruktion, die über einem quadratischen Grundriss entwickelt wurde. Die Teilung des Quadrats über das Stützenraster in zwei gleich große Rechtecke ergibt die beiden unterschiedlichen Bereiche. Aus der Teilung der Grundrissfläche entsteht ein regelmäßiges Stützenraster, das in der Fassade außen ablesbar ist. Die in das Skelett eingesetzten Wände der Kapelle sind außen mit den für das Tessin typischen trocken verlegten Spaltsteinen verkleidet. Die unterschiedliche Behandlung der Wände, außen Naturstein und innen Sichtbeton, entspricht der Bedeutung der beiden Zonen. Die reichhaltiger bearbeiteten Natursteinfassaden konkurrieren mit den beiden Kirchen im Tal. Der in seinen Oberflächen zurückgenommene Gebetsraum in Sichtbeton strahlt über den gezielten Lichteinfall Ruhe und Besinnung aus.

Ausblick aus dem überdachten Vorplatz auf den See

Platzansicht – ein regelmäßiges Stützenskelett in Sichtbeton und trocken verlegte Steinwände bilden den Fassadeneindruck der Kirche.

Der Gebetsraum mit seinen unbehandelten Sichtbetonwänden und der asketischen Möblierung vermittelt eine meditative Atmosphäre, Ruhe und Besinnung.

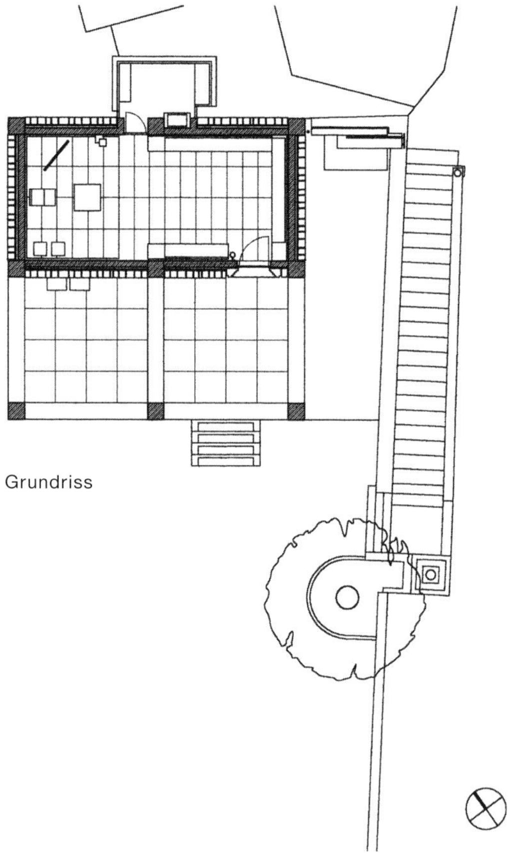

Grundriss

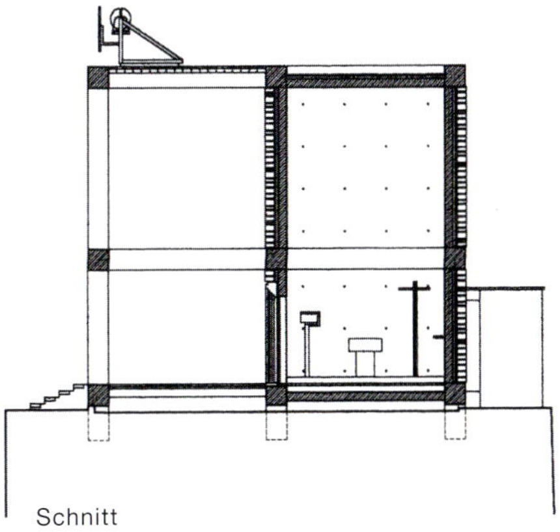

Schnitt

Oben: Dachdetail – Glasbausteine in der Dachfläche
Rechts: Treppendetail – Aufgang auf den gegenüber dem Platz angehobenen Portikus, rechts von der Kirche erkennt man Wandmalereien aus der alten Kirche.

KIRCHE UND KLOSTER ■ PIA DURISCH + ALDO NOLLI

KLOSTER SANTA MARIA ASSUNTA, CLARO

1996–2004

Die Klausur steht auf einem Felsvorsprung hoch über der Verkehrsachse, die den Norden Europas mit dem Süden verbindet. Sie wurde 1490 als Benediktinerabtei gegründet und ist die älteste im ganzen Kanton Tessin. Im Laufe der Zeit ist es zu einem kleinen Dorf angewachsen und liegt heute vor uns wie ein offenes Buch, das von 500 Jahren Geschichte, geistiger Präsenz, von Gebet und Arbeit erzählt: »ora et labora«.
Der Sanierungseingriff deckt den dem Kloster eigenen typologischen und architektonischen Charakter wieder auf, einen Charakter, den die eher unerfreulichen Eingriffe des letzten Jahrhunderts teilweise unkenntlich gemacht haben, und versucht neue Gleichgewichte zu definieren, die aus den Kontrasten und der Verbindung von Altem und Neuem entstehen. Diese Zielsetzung verlangte eine gründliche Studie der Materialien und Baustoffe, aus welchen der Bau besteht. So wurden die Materialien des Ortes auf einfache Weise bearbeitet und bei der Sanierung wieder eingesetzt. Dank einer geschichtsbewussten und einfühlsamen Architektur hat nun das Kloster seine in Jahrhunderten gewachsene Identität zurückgewonnen.

Nachtaufnahme der wiederhergestellten Fassade im Innenhof

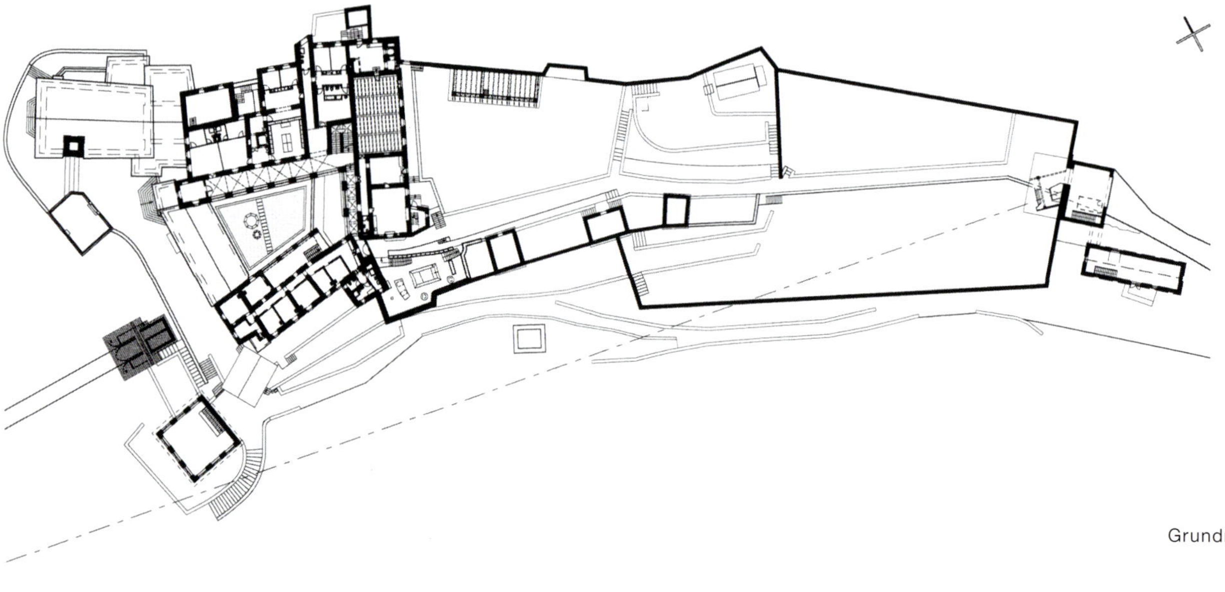

Grundriss

Rechts und unten links: Wenige moderne Details, eine Treppe, ein Handlauf, ein Edelstahlrohr als Wasserspeier am Brunnen, zeigen das feine Spiel von Alt und Neu. Unten rechts: Die Klosteranlage im Wald

Oben und rechts: In Weiß gehaltene Beleuchtungskörper und satinierte Glastüren treten ehrfurchtsvoll in den Hintergrund gegenüber der alten Klosterarchitektur.

Rechts: Freistehende Holzschränke unterteilen den großen Arbeitsraum
Linke Seite: Der Purismus der Formen und Flächen und die reduzierte Materialwahl entsprechen dem kontemplativen Leben im Kloster.

GIORGIO + GIOVANNI GUSCETTI

BENEDIKTINERKLOSTER SAN HILDEGARDIS BEI ORSELINA

1997

Die Klosteranlage San Hildegardis befindet sich in der Nähe der Kirche von Orselina. Der Neubau ergänzt die ursprüngliche Anlage, bestehend aus alten umgebauten Rustici und einem Hauptgebäude aus den sechziger Jahren.

Die Häuser in den Lagen um Orselina sind normalerweise senkrecht zum Hang, zum See, dem Lago Maggiore, und zur Sonne ausgerichtet. Für die sakralen Bauten, die in der Regel entlang dem Höhenverlauf des Geländes platziert sind, spielt die Ausrichtung zur Sonne eine untergeordnete Rolle.

Für diese eher introvertierten Anlagen ist der Bezug der einzelnen Gebäude untereinander wichtiger als der Blick auf den See.

Diese Eigenheit und die besondere Lebensweise der Ordensschwestern von Orsa Minore waren entwurfsbestimmend für die innere Wegeführung im Kloster, über die man, ausgehend von einem schattigen dunkleren Bereich, allmählich die hellen Räume gemeinschaftlichen Lebens erreicht. Die Wege von betriebsamen Arbeitsbereichen zu eher ruhigen Plätzen der Besinnung, von Gemeinschaftsräumen zu den einzelnen Klosterzellen, Räumen der Ruhe und des Wirkens, zeigt den wechselnden Tagesablauf und die vielseitigen Tätigkeiten innerhalb einer benediktinischen Gemeinschaft.

Der bewusste Wechsel von einem Platz zum anderen wird durch unterschiedliche Grundrissebenen und den Lichteinfall über präzis geplante Öffnungen in den Natursteinwänden deutlich erlebbar.

Die Gestaltung der mit schlitzartigen Öffnungen versehenen Bruchsteinwände ist eine Reverenz an die bestehenden Sakralbauten in der Umgebung. Der Stein verstärkt den Eindruck von Grundfestigkeit und ewiger Dauer und vermittelt das Gefühl von Zeitlosigkeit.

Luftaufnahme der Klosteranlage

Links: Fassadendetail der raum-
hohen schlanken Fenster
Unten: Eingang zur Klostenanlage

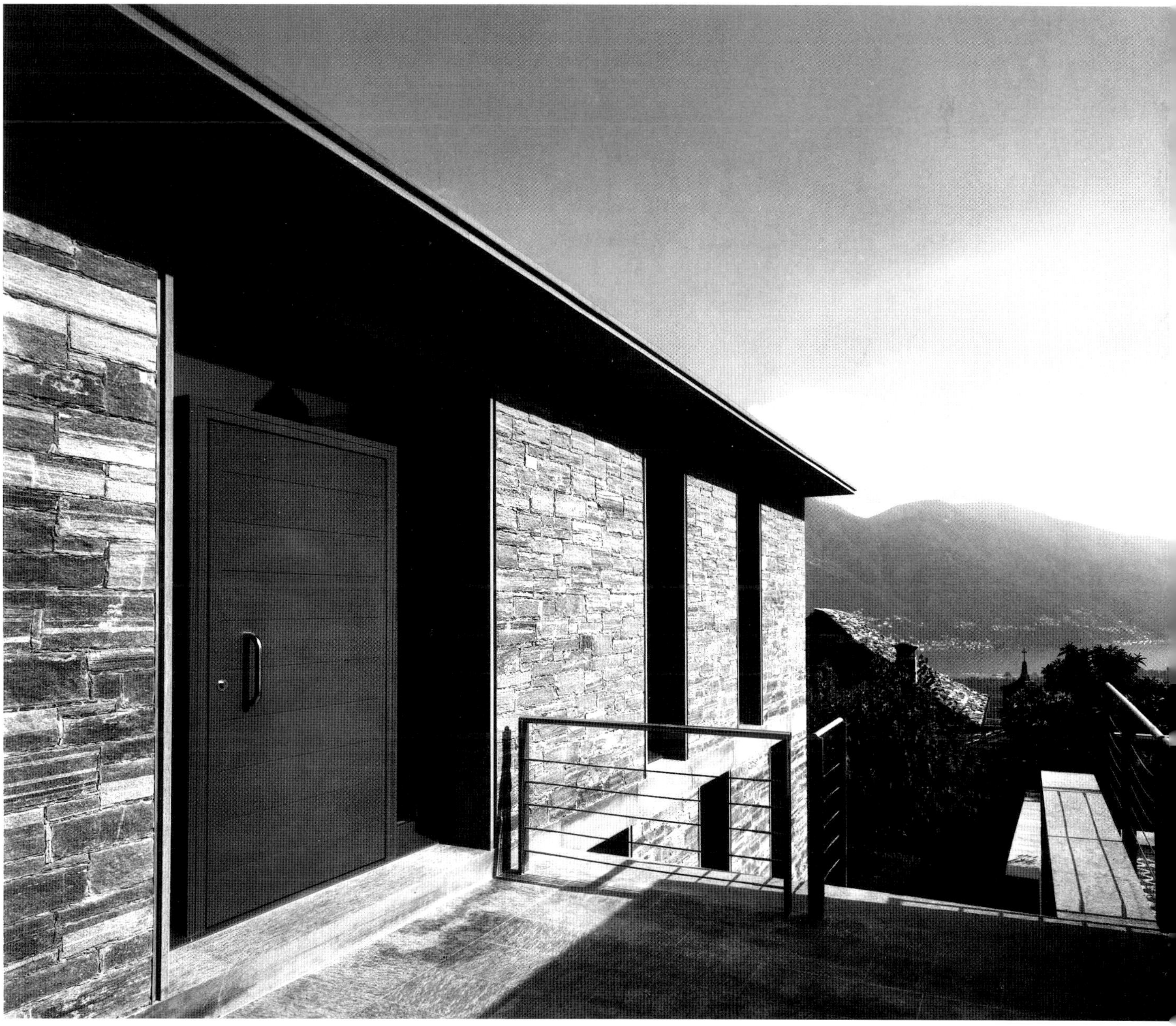

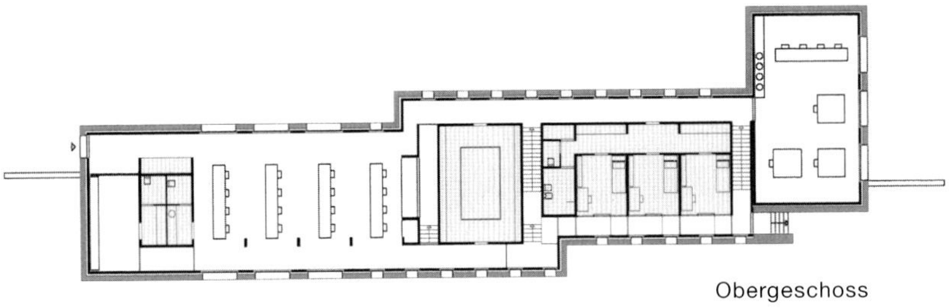

Obergeschoss

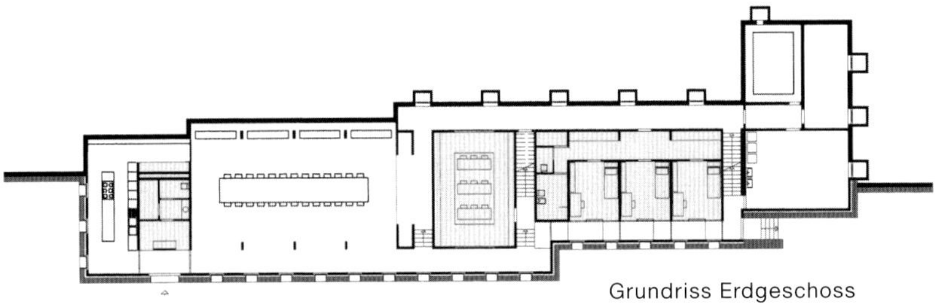

Grundriss Erdgeschoss

Treppendetail

Rechts: Die zunehmend heller werdenden Flure führen von den Schlafräumen in die Kommunikationsräume.
Unten: Refektorium

GIORGIO + MICHELE TOGNOLA

FRIEDHOF IN BIASCA

1998–1999

Die Erweiterung der Friedhofsanlage wurde im Rahmen eines Wettbewerbs 1998 entschieden und sieht das Andocken eines weiteren großflächigen Gräberfelds an den bestehenden Friedhof vor. Das neue eigenständige Feld ist lediglich über einen gemeinsamen Portikus mit dem alten Friedhof verbunden. Der neue quadratische Friedhof ist um 45 Grad aus der Achse gedreht und wird mit einem »Zaun« aus vorgefertigten Betonstelen eingefasst, die jede Einzelne eine beachtlichte Dimension aufweist. Im Abstand von wenigen Zentimetern voneinander versetzt, um die Eigenständigkeit jeder Stele zu betonen, entsteht eine geringfügige Durchlässigkeit nach außen. Das Quadrat wird an den Ecken eingefasst von kleinen gedeckten Baukörpern, die die Funktion von Eingangstoren und Urnenkammern aufnehmen. In den Stelen sind ebenfalls übereinander Urnengräber eingerichtet.

Der erste Bauabschnitt, der in äußerst kurzer Zeit abgeschlossen werden musste, war nur durch die Verwendung von Betonfertigteilen möglich. Er besetzt die Nahtstelle zwischen dem alten und neuen Friedhofsfeld. Dabei verklammern zwei Flügel von nebeneinander stehenden Stelen den in der Mitte liegenden Portikus mit dem Rand des alten Bereichs.

Unten und rechts: Vom Gesamtentwurf ist nur die Nahtstelle zwischen altem und neuem Gräberfeld, der Portikus und die Urnenwand aus Betonfertigteilen realisiert.

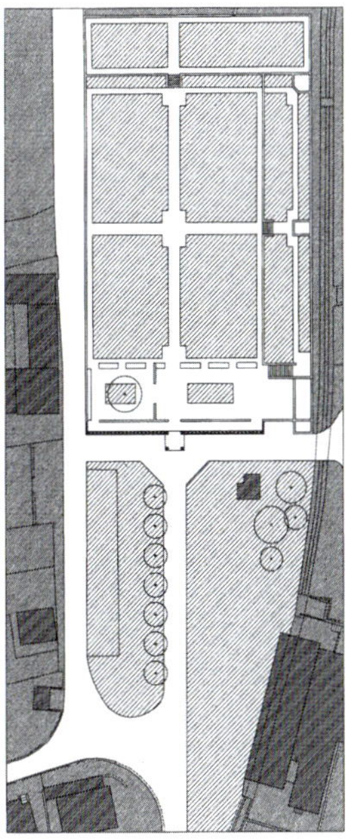

Erweiterung ausgeführt

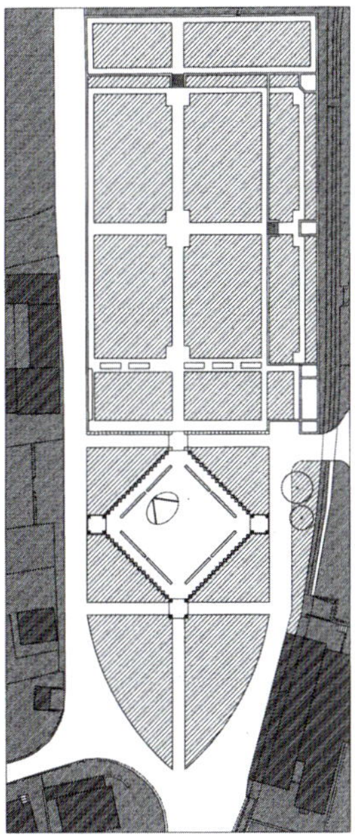

Geplante Erweiterung

Detail Portikus

BEGEGNUNGEN – DIE JUNGEN ARCHITEKTEN IM INTERNATIONALEN AUSTAUSCH

Bibliothek Chambéry

Kreisverkehr »Rotonda« in Locarno

Gemeindehaus und Schule in Gorduno

Zusammen mit Mario Botta und vielen anderen – auch »ausländischen« – Architekten arbeite ich seit ungefähr zehn Jahren intensiv daran, im Tessin eine Architekturschule von internationalem Rang einzurichten, in der Hoffnung, dass eine solche Schule viele junge Menschen aus Südamerika, aus Asien und Japan, aus Europa, der Schweiz und der italienischen Schweiz anzieht, auch die jungen Tessiner.

Unter den Studenten, die in den letzten drei Jahren an der »Accademia di Mendrisio« ihr Architekturdiplom erhalten haben, sind in der Tat zahlreiche »Ausländer«. Viele von ihnen möchten gerne zum Arbeiten im Tessin bleiben. Wie bei allen Hochschulabgängern gelingt es einigen, bei denen der finanzielle Aspekt nicht im Vordergrund steht, einen Arbeitsplatz im Tessin zu finden.

Das Tessin, wie auch die übrige Schweiz, gilt auch heute noch als ein interessantes Land, um Architektur zu machen. Die Arbeitsbedingungen für Architekten sind besser als in anderen Ländern, auch wenn wir uns ständig beklagen. Vielleicht gerade deshalb sind wir »alten Architekten« immer unterwegs, um im Ausland zu arbeiten.

Mit aller Wahrscheinlichkeit werden die jungen Tessiner Architekten der ersten Hälfte des 21. Jahrhunderts nur Tessiner sein, weil sie in Mendrisio studiert haben. Sie werden eher Englisch als Italienisch sprechen. Dies kann eine Chance für unser Land sein, selbst wenn die einheimischen Tessiner aufgrund dieses Zuzugs auswandern müssen, wie wir alten Architekten.

In unserem Beruf gibt es heutzutage nichts Besseres, als wenn man in andere Länder fahren muss, um an Wettbewerben oder Konferenzen teilzunehmen und, mit ein bisschen Glück, einen Auftrag zu erhalten.

Wenn Maderno, Fontana, Borromini, Trezzini, Bianchi und andere im Tessin geblieben wären, hätten sie nicht existieren können. Warum sollte das heute anders sein? Aber es hat sich doch etwas geändert: einst waren die Tessiner Architekten diejenigen, die nach Italien gingen, um das Handwerk zu erlernen, um dann in Russland oder Argentinien und auch zu Hause zu arbeiten. Heutzutage studieren die Tessiner Architekten an der Accademia. Sie ist jedoch nicht nur den Tessinern vorbehalten, eine Mehrheit von 80 Prozent, Studenten und Professoren, kommen aus anderen Ländern.

Nach Jahrhunderten der Auswanderung könnte diese Hochschule ein großes Glück für die jungen einheimischen Tessiner bedeuten, und auch für die nicht mehr so jungen unter der Bedingung, dass sie sich dafür interessieren, was jeden Tag an der Accademia passiert. Einige machen dies tatsächlich.

Ich, wie viele meiner Kollegen, bin ein Autodidakt, habe das Diplom an der Eidgenössischen Technischen Hochschule in Zürich erworben. Wir sind Architekten geworden ohne großen Bezug zu den Hochschulen selbst, auch wenn wir sie in den letzten Jahren häufig besucht haben.

Heute geht es so nicht mehr. Die jungen Architekten des 21. Jahrhunderts werden wenigstens sechs, besser acht Jahre zur Schule gehen, in einem Land, wo man sich leider bereits nach drei Jahren Studium Architekt nennen darf, und sie werden geschätzt werden für das, was sie gelernt haben, und für das, was sie können.

UNIVERSITÄT ▷

UNIVERSITÄT LUGANO

Die 1996 gegründete »Universität der Italienischen Schweiz« (USI), die sich zunächst auf die Fakultäten Wirtschafts- und Kommunikationswissenschaft beschränkte, musste in ihren ersten Jahren mit dem Hauptgebäude des früheren Bezirkskrankenhauses von Lugano vorlieb nehmen. Eine großzügige Spende, das Entgegenkommen der Stadt und ein solider Generalplan der Luganeser Architekten Aurelio Galfetti und Jachen Könz ermöglichten dann von 1998 bis 2002 im ehemaligen Park des Spitals die Errichtung eines universitären Campus mit fünf Neubauten.
Die Gestaltung der einzelnen Gebäude wurde an Tessiner Architekten unter 40, die sich in einem Wettbewerb für diese Aufgabe empfohlen hatten, vergeben.
Es gehört zu den Grundprinzipien der Gesamtanlage, dass gleichartige Bedürfnisse der verschiedenen Fakultäten auch räumlich zusammengefasst und gemeinsam genutzt werden.

Lageplan der Universität Lugano

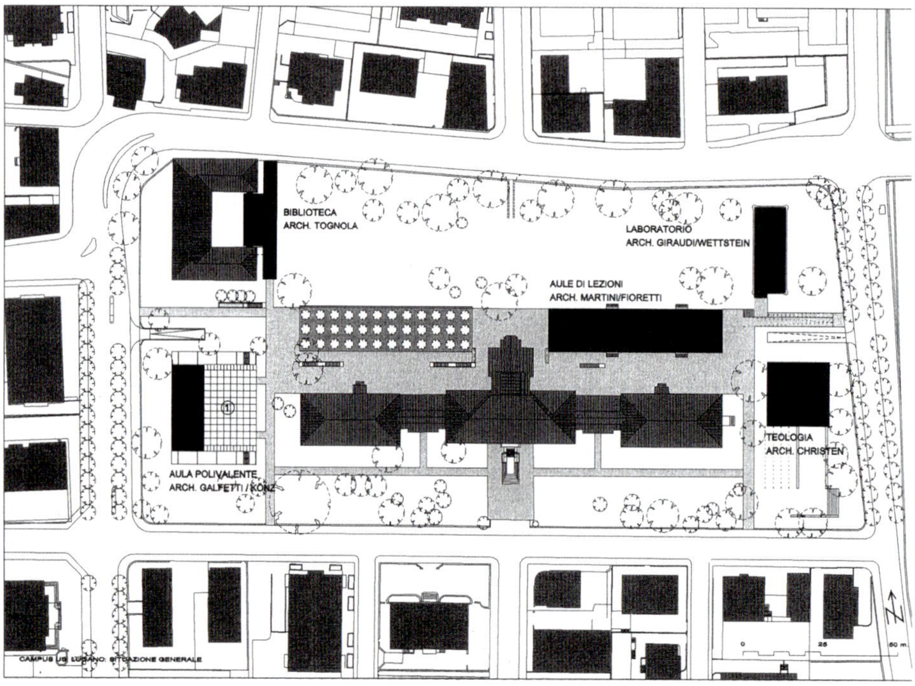

Aula Magna

LAB

Hörsaalgebäude

Bibliothek

Theologische Fakultät

UNIVERSITÄT LUGANO – AULA MAGNA

1998–2002

Die skulpturale Ausarbeitung der Aula Magna verdeutlicht die Rolle des Gebäudes innerhalb des Ensembles der universitären Einrichtung in Lugano. Der große Mehrzwecksaal mit einem Fassungsvermögen von 500 Sitzplätzen stellt die Verbindung zur Stadt und dem Treffpunkt der Studenten auf dem Campus dar.

Um die südwestliche Grundstückskante des Parks möglichst durchlässig zu gestalten und dessen Weite nicht unnötig zu beeinträchtigen, sind Aula, Cafeteria und die zugehörigen Nebenräume weitestgehend ins Erdreich versenkt. Über den vollständig verglasten Eingangspavillion sind aus dem tief liegenden Foyer Ausblicke in Richtung Campus und die umliegende Bebauung möglich.

Die vorhandene Medientechnik und der in die Breite ausgelegte Saal erlauben einen ebenen Boden, der vielfältige Nutzungen zulässt: Vorlesungen, Konferenzen, Ausstellungen und Festveranstaltungen. Durch die seitliche Ablösung der Decken und die verglasten Oberlichtbänder ist eine Tageslichtnutzung des Raumes möglich.

Das Foyer mit Eingangsebene, schräg eingestellter Haupttreppe, Aufzug und Cafeteria ist Dreh- und Angelpunkt im Gefüge der Aula Magna. Die Bedeutung der Treppenanlage rechtfertigt ihren zentralen Platz im Gebäude und ihre raumbestimmende monolithisch-skulpturale Ausführung in Sichtbeton.

Saal und Foyer sind in ein großes Quadrat einbeschrieben. Zwischen den seitlichen Saalwänden und der eigentlichen Außenwand ist eine 4,35 Meter breite Zone eingebaut, in der Küche, Nasszellen, Fluchttreppen und Nebenräume eingeschoben wurden. Über die gleiche Breite markieren zwei seitliche Reihen aus jeweils fünf Wandscheiben die Raumkante der Piazza auf dem Dach des Mehrzwecksaals.

Die puristische Schlichtheit der Gesamtanlage verbreitet trotz der hier herrschenden Betriebsamkeit eine Atmosphäre von Ruhe und Askese.

Oberlicht zur Belichtung der Aula im Untergeschoss

Rechts: Seitliche Reihen aus jeweils fünf Wandscheiben markieren die Raumkante der Piazza, im Hintergrund der Altbau der Bibliothek.
Unten: Eingangshalle in die Aula Magna

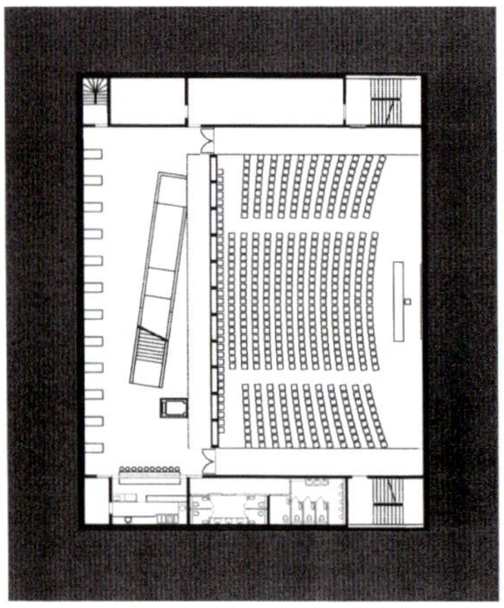

Grundriss Untergeschoss

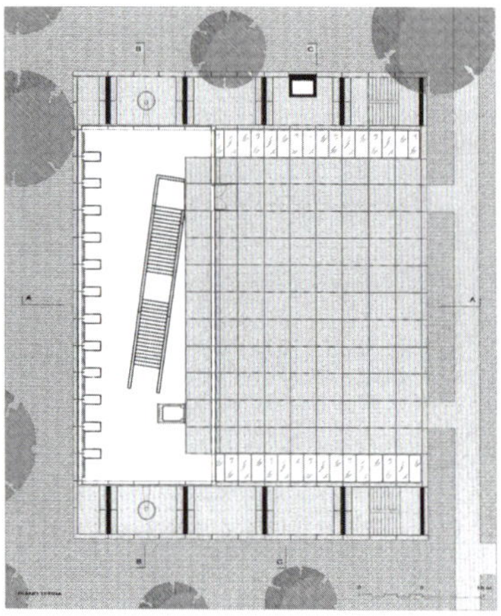

Erdgeschoss

Die Ebene der ambivalenten Aula wird über eine einläufige Treppe und den frei stehenden gläsernen Aufzug erschlossen.

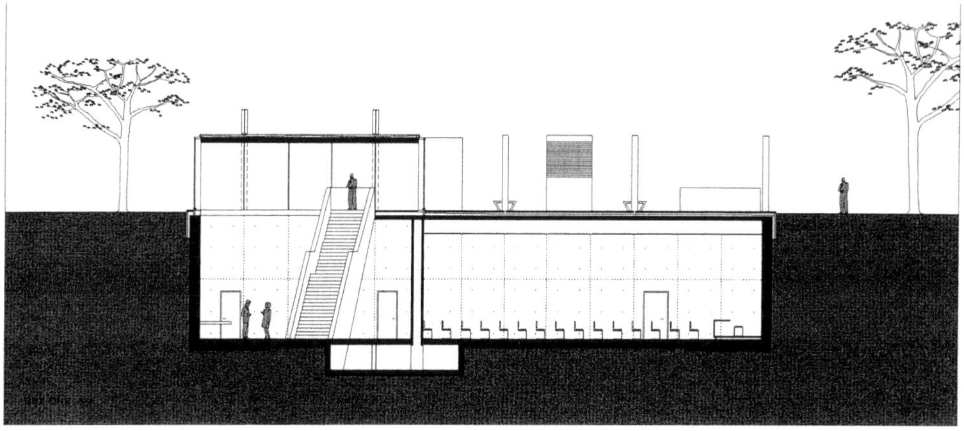

Schnitt

Über die seitlichen Oberlichter wird der Tiefenhörsaal mit Tageslicht erhellt.

UNIVERSITÄT LUGANO – HÖRSAALGEBÄUDE

1998–2002

Gleichartige Anforderungsprofile der verschiedenen Fakultäten werden räumlich gefasst und gemeinsam genutzt. Für das unmittelbar vor dem alten Spital platzierte Hörsaalgebäude bedeutete dies ein Raumprogramm von zwölf Sälen unterschiedlicher Größe.

Dem Erscheinungsbild des Gebäudes liegt ein von Peter Zumthor eingebrachter Gedanke zugrunde: das Vorbild eines Schulpavillons, wie sie vor allem in den sechziger Jahren des vergangenen Jahrhunderts in der Schweiz als Provisorien dienten und noch heute an verschiedenen Orten angetroffen werden können.

Der Pavillon in seiner Idealausführung ist eingeschossig, seine Abmessungen und Proportionen optimal für den Unterrichtsbetrieb geeignet, die Erschließungselemente klar und großzügig gestaltet.

Für das Hörsaalgebäude von Lugano entwarfen die Architekten einen Grundriss, der einen großen, einen mittleren und zwei kleine Hörsäle auf jedem Geschoss umfasst. Die Zäsuren zwischen den Sälen beinhalten die Erschließung und die sanitären Anlagen. Drei derartige Geschosse übereinandergesetzt ergeben einen lang gestreckten Quader. Es ist die Drehung des mittleren Geschosses um 180 Grad, die dem einfachen und klaren Baukörper durch Verschiebungen und unterschiedliche Längen der beinahe raumhohen Fensterbänder und durch versetzt angeordnete Loggien seine Lebendigkeit und Spannung verleiht.

Das Hauptmerkmal des Hörsaalgebäudes ist aber, einzigartig im architektonischen Dialog des Campus, seine selbstbewusste Farbigkeit. Die Außenverkleidung besteht aus roten geätzten Glaspaneelen, die sich im Inneren orangefarbig fortsetzen. Der anthrazitfarbene Estrich der Flure und die naturbelassenen Eichenrahmen der Fensterelemente und Türen und der Sichtbeton in den Fluren kontrastieren die Farbigkeit des Gebäudes.

Die Komposition weckt Erinnerungen an die Farbkonzepte des Avantgarde-Künstlers Mark Rothko.

Unten: Detail Erschließungselement
Ganz unten: Nachts sind die unterschiedlichen Hörsaalgrößen von außen ablesbar.

Auf drei Ebenen gibt es eine gleichartige Hörsaalanordnung. Durch Drehung des Grundrisses im ersten Obergeschoss entsteht die Verschiebung der Glasflächen in der Fassade.

Oben: Innenansicht Hörsaal

Unten: Der Sichtbeton der Decken, der in Grau gehaltene Industrieestrich, die sich nach innen fortsetzende Farbgestaltung in roten Tönen und die naturbelassenen Eichenrahmen der Fenster erinnern an Farbkonzepte des Farbkünstlers Mark Rothko.

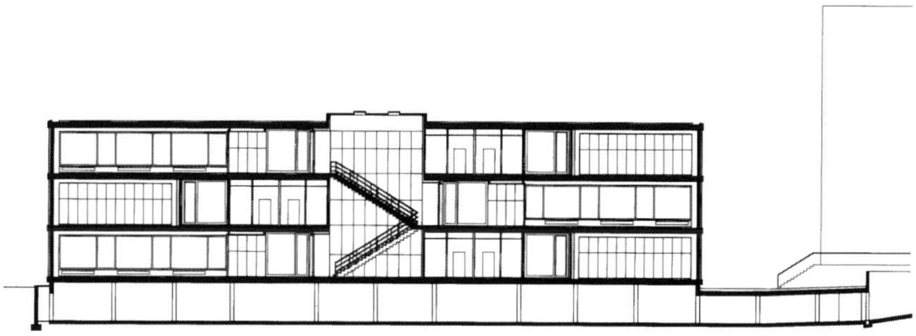

Schnitt

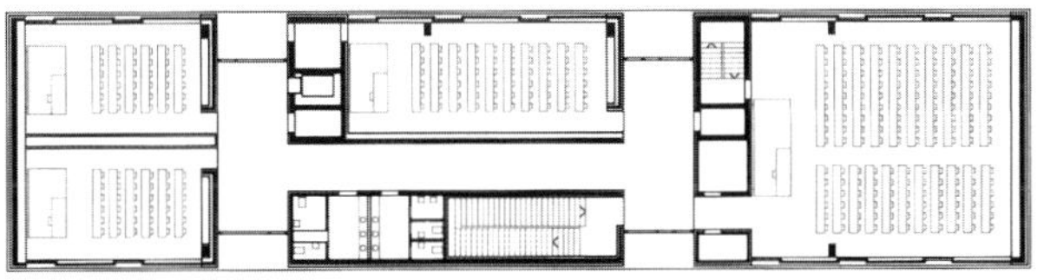

2. Obergeschoss

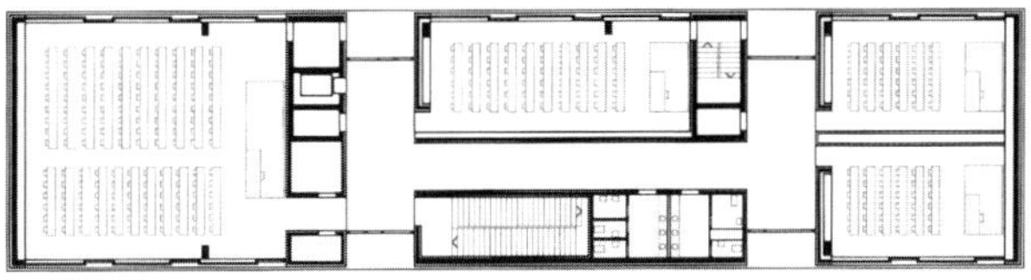

1. Obergeschoss

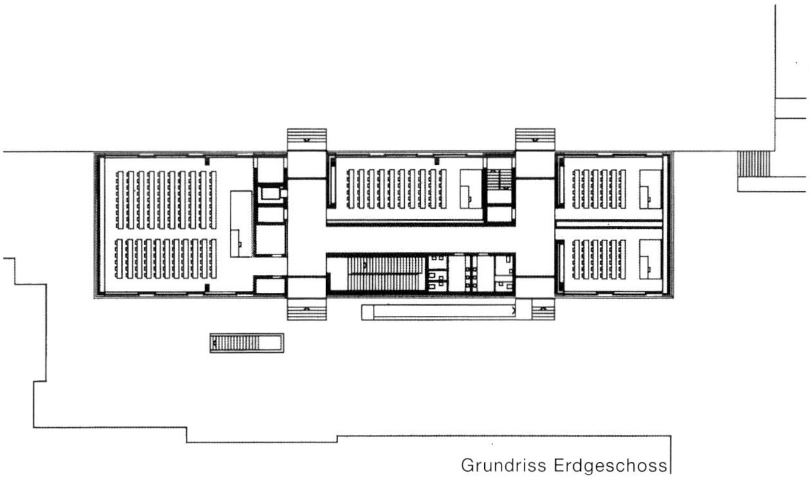

Grundriss Erdgeschoss

UNIVERSITÄT LUGANO – LAB

1998–2002

Das LAB – Gebäude für die Computerarbeitsplätze, die hauptsächlich für die Studenten vorgesehen waren – besetzt die Straßenecke Via Madonetta und Viale Cassarate und bildet den räumlichen Abschluss des großen Grünbereichs zur Bibliothek hin, einem großzügigen und wichtigen Raum, sowohl für die Universität als auch als parkähnlicher Bereich für die Stadt.

Als höchster Punkt im Park wird das futuristisch anmutende Glashaus mit mobilem, der Sonne folgendem Sonnenschutz zum markanten Orientierungspunkt innerhalb des Stadtbilds. Das Projekt arbeitet mit drei Elementen, die den architektonischen Ausdruck des Gebäudes bestimmen: die Tragstruktur, die Glasfassade und die auf den Gebäudekern konzentrierten Computerarbeitsplätze.

Das Tragwerk ermöglicht eine vollständig stützenfreie Einteilung der Arbeitsräume analog einem Großraumbüro.

Wechselweise Ausblicke in die nahe Umgebung und entsprechende Einblicke in das Gebäude binden das Gebäude über die eigentlichen Grenzen des Universitätsgeländes hinaus in das städtische Gefüge ein.

Die Arbeitsplätze sind als introvertierte Nischen aus Holz, kompakt und ökonomisch, um einen zentralen Technikstrang angeordnet und von der Hülle weg in den Kern des Gebäudes abgerückt. Die verbleibenden, entlang der Fassadenhülle liegenden Verkehrsflächen ermöglichen Momente des Ausblicks, der Abwechslung und der Erholung in der ansonsten rigiden und monotonen Arbeit am Bildschirm.

Der bewegliche Sonnenschutz folgt dem Sonnenverlauf und schützt den gläsernen Kubus vor Überhitzung.

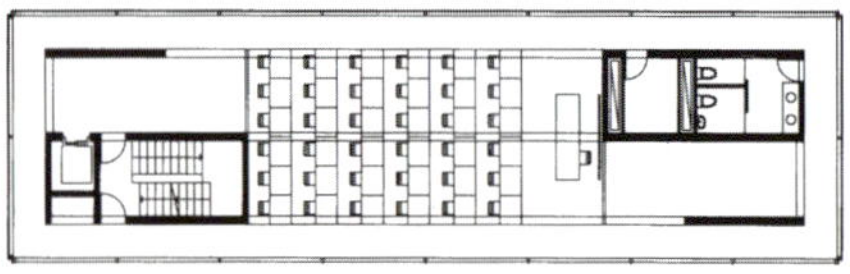

Grundriss Erdgeschoss

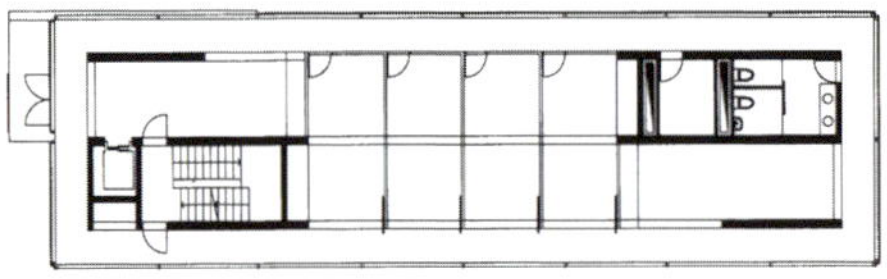

1. Obergeschoss

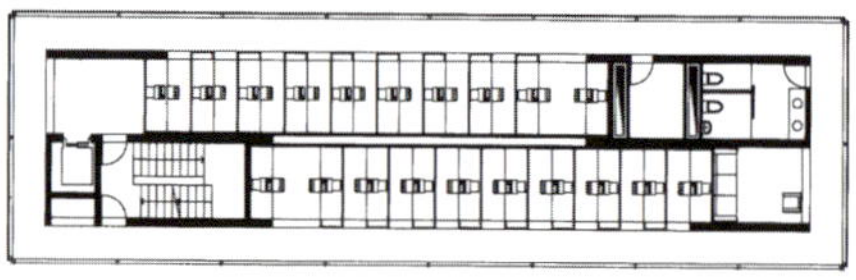

2. Obergeschoss

Links: Ansicht an der Straßenecke
Via Madonetta/Viale Cassarate
Unten: Die leichte Glasfassade steht
im Kontrast zum benachbarten mit
Naturstein verblendeten Gebäude
der theologischen Abteilung.

UNIVERSITÄT LUGANO – BIBLIOTHEK

1998–2002

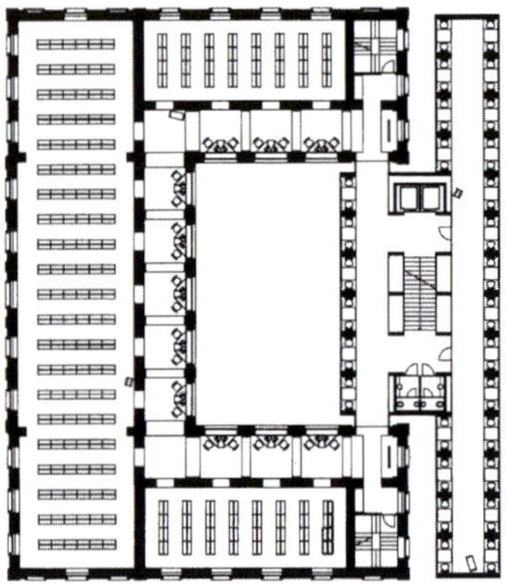

Obergeschoss

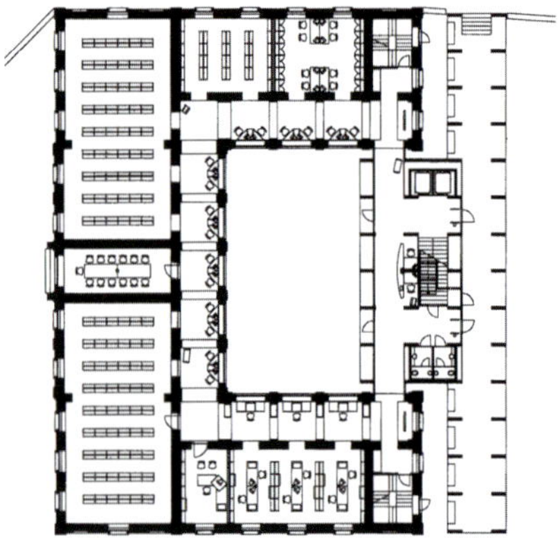

Grundriss Erdgeschoss

Der Bibliothek wurde als Sitz ein hufeisenförmiges, Anfang des 20. Jahrhunderts errichtetes Nebengebäude des Krankenhauses zugeteilt. Um das geforderte Nutzungsvolumen zu erreichen, ergänzten die jungen Planer mit einem vor den Altbau gesetzten schmalen Gebäudeflügel das ursprünglich nach Osten geöffnete U zu einem geschlossenen Geviert mit kleinem Innenhof.

Alt und Neu stehen sich nun spannungsreich gegenüber, verbunden durch ein Mittelteil, in dem Treppen und Aufzüge angeordnet sind. Jedoch: Der nach einem überlebten Zeitgeschmack als repräsentativ empfundene, die italienische Renaissance zitierende Gebäudekomplex verschwindet jetzt, aus der Tiefe des Campus gesehen, hinter der geometrisch streng gegliederten Fassade des Erweiterungsbaus. Der Altbau besitzt zwei Stockwerke von verschwenderischer Höhe und entsprechend große Rundbogenfenster. Der neue Baukörper, setzkastenartig konstruiert, stellt doppelt so viele Stockwerke dagegen. Dabei ist das Erdgeschoss nicht ausgebaut, sodass die durchblickende Front des Altbaus wie ein zurückgesetzter Gebäudesockel wirkt und den Eingangsbereich zusätzlich betont. Die drei oberen Stockwerke, die Fächer des Setzkastens, weisen mit ihrer vertikalen Gliederung – durch schmale Sichtbetonpfeiler – auf eine funktionale Begründung hin. In der Tat: Im Inneren dienen die Pfeiler als Seitenwände für Gebäudenischen, sie bilden Lesekabinen für jeweils zwei Personen. Auch die kleinen rechteckigen Fensteröffnungen, die Licht spenden und Ausblick auf den Park gewähren, verdeutlichen den Zweck des Erweiterungsbaus. Die hellen Betonstreifen des Gebäudeskeletts und die dazwischen liegenden schwarzen Sonnenblenden ergeben den auch aus größerer Entfernung beeindruckenden Wabencharakter der Neubaufassade. Die Bibliothek liegt in der nordwestlichen Ecke des Campus. Sie bildet mit ihren zwei Gesichtern, dem alten, vornehmen in Richtung Straße und Altstadt, und dem neuen, strengen und nüchternen in Richtung Park, ein optisches Verbindungselement zwischen Gestern und Heute.

Detail der Doppellesekabinen

Oben und oben links: Ansicht Innenhof
Links: Eingangsbereich und Portikus
Unten: Der neue Baukörper der Bibliothek schließt die Form des alten hufeisenförmigen Altbaus ab und bildet gemeinsam mit der Aula Magna die westliche Raumkante des neuen Universitätscampus. Hinter der streng geometrisch gegliederten Fassade liegen die Leseplätze der Bibliothek.

UNIVERSITÄT LUGANO – THEOLOGISCHE FAKULTÄT

1998–2002

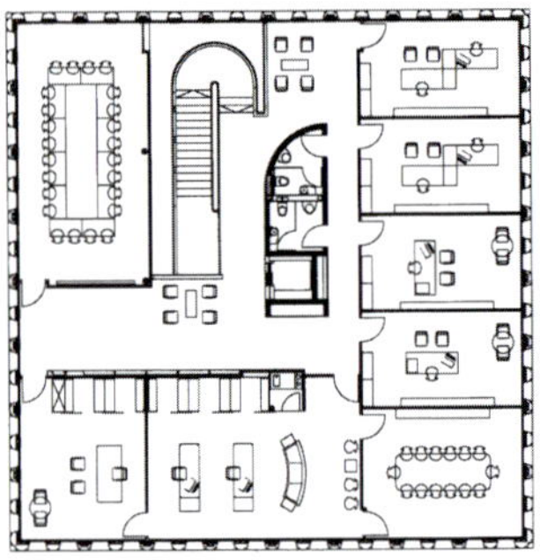

3. Obergeschoss

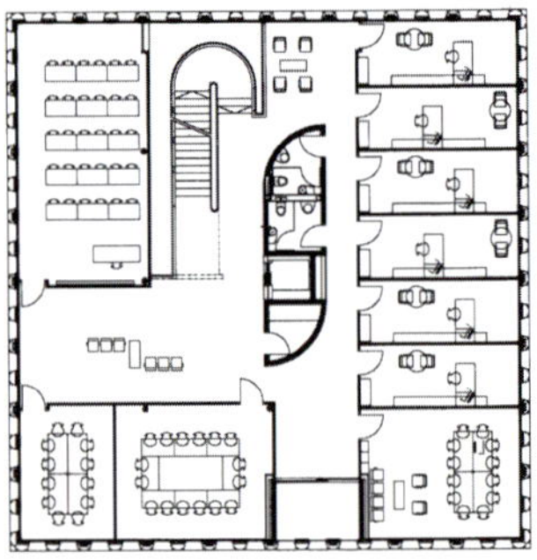

2. Obergeschoss

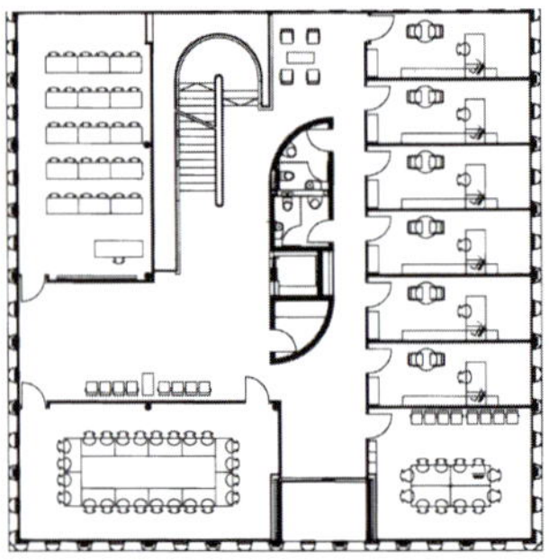

1. Obergeschoss

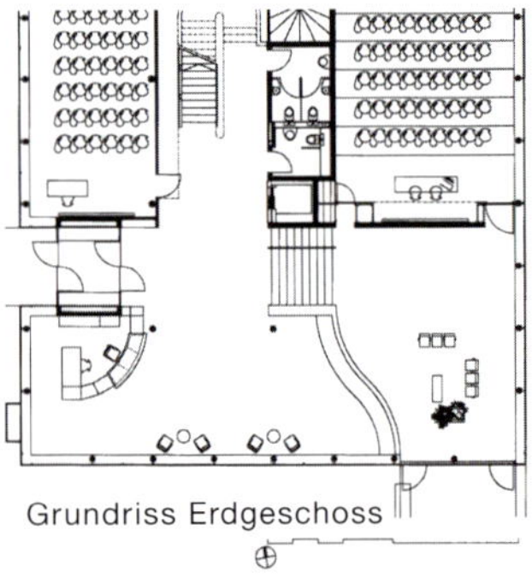

Grundriss Erdgeschoss

Das Gebäude der theologischen Fakultät schließt die ausgewogene Komposition der Campusidee an der Ostkante ab.

Der Baukörper ist einfach und klar strukturiert. Der massive Sockel aus Sichtbeton, der sich durch das geneigte Gelände und der Stützmauer am kleinen, vorgelagerten Platzbereich ergibt, beherbergt den Vortragssaal. Darüber erhebt sich eine einheitliche umlaufende Stützenreihe mit zentralem Aufzugskern. Das gewählte Tragwerk ermöglicht die Öffnung des eigentlichen Eingangsgeschosses auf Campusebene über ein umlaufendes Glasband, das die mit Naturstein verblendeten Obergeschosse in einen Schwebezustand versetzt.

Die gleichmäßige Fassadenbehandlung mit schmalen raumhohen Fenstern, die über das entwickelte Stützendetail mit Aluminiumverkleidungen für die Laibungen und der vorgeblendeten Natursteinverkleidung tief in die Fassade zurückverlegt sind, erzeugt eine hohe Plastizität und Schattenwirkung und verleiht dem Gebäude den Ausdruck von Ruhe und Konzentration.

Die öffentlichen Räume Foyer, Empfang und Mehrzwecksaal liegen im Erdgeschoss. Die Lehrsäle und die Büros des Lehrkörpers sind in den Obergeschossen untergebracht.

Die zentrale Treppe ist frei gestellt. Die breiten Flure sind bis zur Außenhülle fortgeführt und erhalten den Kontakt zur umgebenden Grünzone und zur Stadt. Auf diese Weise werden die Verkehrsflächen gleichzeitig zu Aufenthalts- und Kommunikationsbereichen. Zusätzlich zu den Fenstern fällt über das eingeschnittene Oberlicht zenital Licht in den Treppenraum und zeigt auf den Innenwänden beinahe wie eine Sonnenuhr die Tageszeit an.

Wenn man ein durchgängiges Prinzip für das Projekt sucht, so liegt dieses im durchgängigen Spiel von Gegensatz und Ergänzung. Material und Farbe, das Einsetzen von Licht lebt vom Spiel und Dialog mit anderen Teilen des Gebäudes.

Den Materialien der Hülle, Stein und Glas, sind im Inneren die zu den Betonflächen im Kontrast stehenden hellen Holzverkleidungen und das leichte Blau der Böden und der Türen gegenübergestellt.

So entsteht ein ausgewogenes Konzept. Das Gleichgewicht des durch die Fassadenstruktur einfallenden Lichts soll in allen Bereichen ein Ambiente erzeugen, das der Forschung und Sammlung förderlich ist.

Ganz links: Eingangsbereich – die kühlen Betonflächen stehen in Kontrast zu den hellen Holzverkleidungen und zu den Blautönen der Böden und Türen.
Links: Ausgang Mehrzwecksaal zum Garten
Unten: Über einem massiven Sockel aus Sichtbeton und dem durch eine umlaufende Stützenreihe möglichen durchgehenden Glasband erhebt sich der mit Naturstein verblendete Baukörper, in dem sich die Seminarräume und die Verwaltung befinden.

UNIVERSITÄTSGEBÄUDE CANAVÉE IN MENDRISIO

2002

Die so genannte »Accademia«, die Architekturfakultät der italienischen Schweiz, wurde auf Betreiben von Mario Botta 1996 in Mendrisio gegründet. Anfangs standen die beiden historischen Gebäude, die im Kolonialstil errichtete Villa Argentina als Verwaltung und der um einen Innenhof angelegte klassizistische Palazzo Turconi, für die Lehre zur Verfügung. Letzterer wurde im 19. Jahrhundert als Krankenhaus außerhalb des mittelalterlichen Ortskerns errichtet.

Aurelio Galfetti, erster Direktor der »Accademia«, erkannte, dass zur Weiterentwicklung der im Wachsen begriffenen Universität eine Erweiterung der Anlage unausweichlich war. Eine zukünftige Vergrößerung sollte aber sowohl den architektonischen als auch den städtebaulichen Erfordernissen Rechnung tragen.

Das Siegerprojekt des 1997 ausgelobten Architekturwettbewerbs für die Erweiterungsbauten setzte sich einerseits mit dem von Solitären geprägten Umfeld, andererseits mit der Hoftypologie eines Palazzo Turconi und mit der parkähnlichen Topografie des Geländes auseinander.

In Anlehnung an das alte Hospital wurde im Park neben der Villa Argentina ein ebenbürtiges Hofgebäude vorgeschlagen, neben dem alten Palazzo zwischen Kapuzinerkapelle und neuem Hospital wurde ein turmartiger gläserner Baukörper platziert, der in der Funktion als überregionale Bibliothek den kulturellen Austausch mit der Öffentlichkeit und den aufgeschlossenen Geist der Hochschule manifestiert.

Der Bibliotheksturm, die Stele für die internationalen Ambitionen der Tessiner Architekturschule, wurde aus baurechtlichen Gründen nicht realisiert, das städtebauliche Konzept der Zweipoligkeit und Neuordnung bleibt unvollendet.

Im 2002 fertig gestellten »Palazzo Canavée« ist das Thema des Innenhofs die Kernidee des neuen Gebäudes. Der mit einem Glasdach gedeckte Innenhof ist auf das sanft abfallende Gelände der Parkanlage ausgerichtet. Der Hofeinbau – in der Neuen Zürcher Zeitung als Guckkastenbühne tituliert und im Grundriss zur orthogonalen Ausrichtung der Villa Argentina leicht gedreht – wird als Multifunktionsraum genutzt. Von der Viale Canavée wird der öffentliche Weg durch das Gebäude perspektivisch zusätzlich verengt, sodass erst beim Erreichen der von einer Stützenreihe getragenen Galerie der Büros der Blick über die Parkanlage und zur historischen Villa umso stärker erlebbar wird.

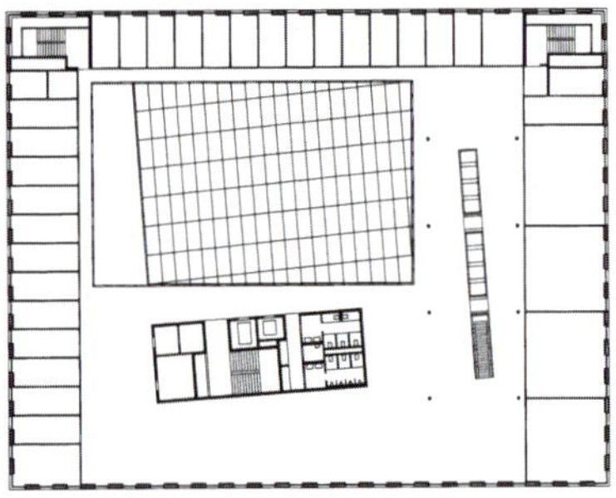

3. Obergeschoss

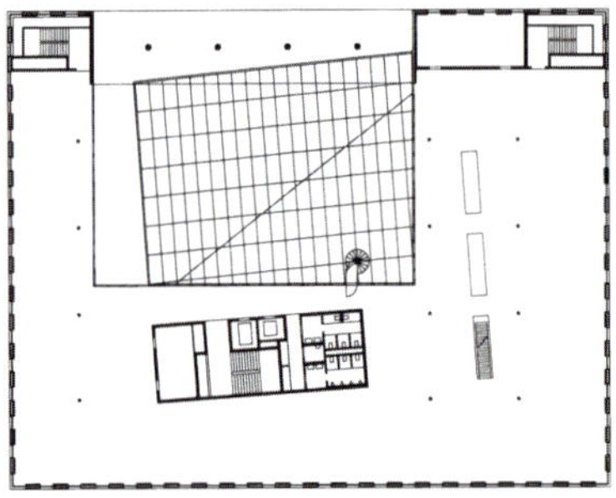

2. Obergeschoss

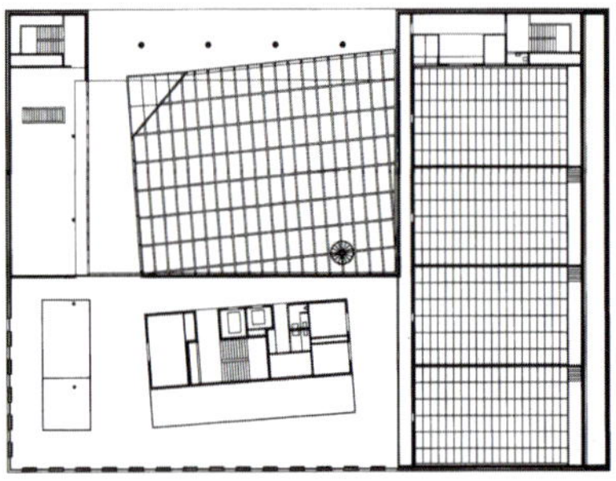

1. Obergeschoss

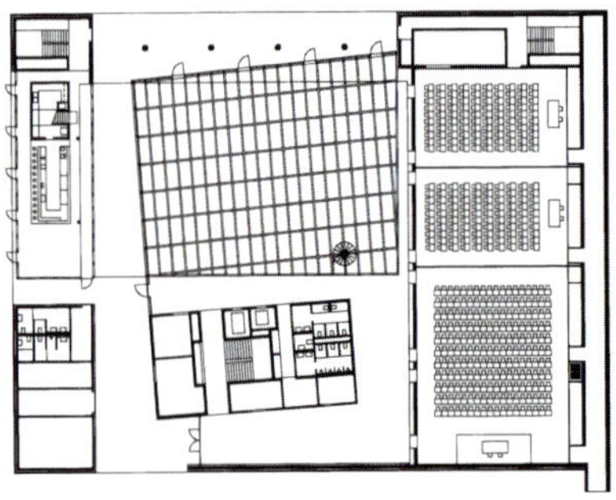

Grundriss Erdgeschoss

Die »schokoladenbraune« Backsteinverkleidung und die silbereloxierten Aluminiumfenster der Fassadenhülle am Hauptzugang

Um die gläserne Halle wird auf vier Geschossen das notwendige Raumprogramm organisiert. Im Erdgeschoss sind an die öffentliche Halle vier Hörsäle angeordnet. Über die Wendeltreppe erreicht man unter der transluzenten geneigten Dachschräge auf kurzem Weg die Ateliers im zweiten Obergeschoss, die frei eingeteilt werden können. Im obersten Geschoss befinden sich die Seminarräume, die Computerarbeitsplätze und die Büros der Professoren und Assistenten. Der Kunstgriff des gedrehten Grundrisses für die Halle und den Erschließungskern mit den Nebenraumzonen und die Überlagerung der beiden Ordnungsraster bietet räumlich dynamische Effekte und lässt Räume kürzer oder länger erscheinen.
Das Materialspektrum im Inneren ist reduziert auf Betonbeläge, Gummigranulat und weiß verputzte Wände. Die geschlossenen vorfabrizierten Fassadenelemente sind aus Beton, bei denen dunkelbraune Klinkersteine in die Schalung eingelegt wurden. Um das Prinzip der vorgehängten Fassade ehrlich mitzuteilen, erfolgt die Schichtung der Steine in vertikal gestellten Reihen und nicht im gewohnten Mauerwerksverband. »Die Betonplatten der äußeren Verkleidung mit eingesetzten ›knusprigen‹ Backsteinen nehmen die braune Farbe von Schokolade an. Ihre essbare Schönheit erfordert natürlich silberne Aluminium-Verkleidungsplatten«, beschreibt Jacques Gubler die gastrale Qualität der Fassadenhülle. Konsequenterweise sind die als Drehflügel detaillierten Fenster ebenfalls in naturbelassenem Aluminium ausgeführt. Die Materialien sind natürlich belassen und verändern nur unter dem Einfluss des südländischen Lichts ihren Eindruck.

Die Halle mit der Leuchtdecke scheint unter dem von Stützen getragenen Portikus in den Park der »Villa Argentina«.

Durchgang zum Park der »Villa Argentina«. Nur das oberste Geschoss umgibt auf allen vier Seiten den Hof.

Rechts: Wendeltreppe von der Foyer- und Ausstellungsfläche zu den Ateliers im zweiten Obergeschoss.
Unten: Ausblick aus der Halle in den Park.

KATIA ACCOSSATO ■

IVANO GIANOLA – METHODE UND WEG

Haus für die Bilder, Mendrisio – Aussicht in den Garten

»Maffeihof« in München

Ein Architekt muss eine Zeichnung in die Realität umsetzen und diesen Vorgang in jeder Phase beherrschen. Diese Einstellung hat Ivano Gianola während seiner beruflichen Tätigkeit immer geleitet. In der Praxis erfordert seine Arbeitsweise präzise Entscheidungen bis ins kleinste Detail. Sie lässt theoretische Formulierungen und Lehrmeinungen beiseite und kümmert sich hauptsächlich um den praktischen Wert der eigenen Arbeit. Diese Arbeitsmethode ist sehr vielschichtig, weil jede konkrete Entscheidung neue Lösungsmöglichkeiten eröffnet. Kein Projekt steht für sich allein, es kann Irrtümer aufzeigen, zu Überlegungen anregen, in jedem Fall trägt es zur Weiterentwicklung und Vervollständigung der Erfahrung bei.

Einige Themen haben Ivano Gianola besonders beschäftigt: Der Architektur im Verhältnis zu Himmel und Erde; die Ehrfurcht vor der Schöpfung in ihren verschiedenen Erscheinungsformen; die Existenzberechtigung eines architektonischen Objekts in Raum und Zeit. Jedes dieser Themen berührt grundsätzliche Fragen der Architektur, enthält theoretische Überlegungen und Hinweise auf die kontinuierliche Entwicklung seines Werkes.

In den letzten dreißig Jahren wurde häufig der Begriff »Kontext« verwendet, oft als leere Floskel und auch als Vorwand für fragwürdige Lösungen. Ivano Gianola vertritt eine grundsätzlich andere Auffassung des Begriffs Kontext.

Es gibt Häuser von ihm, deren Standort ist makellos und so beeindruckend, in einer so idealen Umgebung, dass die Architektur sich ihr unterordnen muss. In anderen Fällen gelingt es der Architektur, die Landschaft aufzuwerten und auf ihre verborgenen Möglichkeiten hinzuweisen. In beiden Fällen ist die Absicht Ivano Gianolas zu erkennen, die Geschichte des Ortes in seiner Arbeit fortzuschreiben. Genauso weit wie er von einer Nachahmung der Landschaft entfernt ist, ist er entfernt von einer Zerstörung derselben.

Der Respekt gegenüber der Umgebung zeigt sich in seinen Bemühungen, bei öffentlichen Bauvorhaben den Landschaftsverbrauch gering zu halten und möglichst Boden für die öffentliche Nutzung zurückzugewinnen. Ein Thema, das Ivano Gianola schon am »Maffeihof« in München verfolgt hat. Das jüngste Beispiel für diese Einstellung ist sein Entwurf für das Projekt »Palace« der Stadt Lugano.

Auch bei Privatbauten versucht der Architekt die Grenze zwischen innen und außen fließend zu gestalten. Ein Modell in dieser Hinsicht ist das neue Haus mit Garten im Zentrum von Mendrisio. Die Grenzen und Abgrenzungen dienen nicht dazu, eine reine Gegenposition zwischen zwei Welten zu markieren, zwischen leer und voll, künstlich und natürlich, außen und innen, aber sie deuten – auch im Garten – die Räume des Hauses an.

Die Grenzlinie wird stabil, wird paradoxer Weise Raum. Darin unterscheidet er sich von den anderen Tessiner Architekten, er erscheint als Außenseiter, lehnt sich an die experimentelle Haltung an und, antimonumental in der Formensprache, weit entfernt von jeglichem Formalismus, aber durch Methodik eng verbunden mit Umberto Riva, Eduardo Souto de Moura oder Glenn Murcutt.

Ein Haus in einer bestimmten Umgebung zu bauen, bedeutet, zwischen den Bedingungen der Geländebeschaffenheit und dem gewünschten Bauprogramm ein Gleichgewicht herzustellen. Es ist eher eine geduldige Arbeit am Umfeld als ein Ausdruck einer auf sich selbst bezogenen Sprache. Er zählt sich nicht zu den Anhängern einer festgelegten Formensprache. Seine Projekte sind Episoden der gleichen Erzählung, noch nicht abgeschlossen und immer noch mitten in der Entstehung. Seine Arbeit ist frei von Voreingenommenheit und festen Lehrmeinungen. Er stellt sich gerne Fragen und ist offen für notwendige Experimente, aber seine Haltung ist philosophisch und von äußerster Ernsthaftigkeit und Diszipliniertheit.

Eine Baustelle ist nicht nur ein Ort, wo ein Haus gebaut wird, sondern auch eine Quelle von Anregungen für die weitere Arbeit.

EX-PALACE-AREAL ▷

Im Mai 1995 wurde die Ausrichtung der städtebaulichen Entwicklung des Geländes des ehemaligen Grand Hotel Palace, das über Jahrzehnte leerstand, festgelegt. Unterschiedliche Investorengruppen hatten immer wieder versucht, Gelände und Hotelruine einer neuen Nutzung zuzuführen. Dieser Beschluß sollte Perspektiven außerhalb einer rein kommerziellen Nutzung aufzeigen. 1996 wurde eine Expertengruppe mit der Erarbeitung eines Zielkatalogs beauftragt, der zwei Jahre später vorgestellt wurde. Das Quartier sollte seinen eigenen architektonischen und landschaftsgestalterischen Ausdruck bekommen, als ein Knotenpunkt, der die lineare Bebauung entlang dem Seeufer am Fuße des Hügels und den historischen Stadtkern abschließen sollte. Folgende wichtige Funktionen sollte die neue Anlage aufnehmen:

Einen Konzert- und Theatersaal mit 800 Sitzplätzen, ein Kultur- und Ausstellungszentrum, Laden- und Büroflächen, und Wohnen als Durchmischung und Abrundung der Nutzungen auf dem Grundstück. Hinzu kam die für das Quartier notwendige Infrastruktur mit öffentlichen und privaten Parkplätzen und eine neue Freiraumplanung am See.

Im Jahr 2001 hat die Wettbewerbsjury unter Vorsitz von Mario Botta unter 122 Teilnehmern eines internationalen Wettbewerbs 15 Architekturbüros für die zweite Bearbeitungsphase ausgewählt. Nachdem aber keine der in der zweiten Phase ausgezeichneten Arbeiten uneingeschränkt realisierbar war, erging die Empfehlung an die vier Preisträger in einer Überarbeitung ihre Projekte zu korrigieren: ausgewählt wurden die Architekten Carloni, Caramaschi, Pedrozzi und Sebastiano Gibilesco aus Lugano, Ivano Gianola aus Mendrisio, Michele Arnaboldi aus Locarno. Vorgestellt werden hier die Entwürfe von Michele Arnaboldi und das zur Realisierung ausgewählte Projekt von Ivano Gianola.

Oben: Fassadenausschnitt der alten Hotelruine
Links: Blick in den Kreuzgang des ehemaligen Klosters

EX-PALACE-AREAL IN LUGANO

Der Eingriff auf dem Gelände des ehemaligen Palace-Hotels beabsichtigt einen Raum für die Stadt zu gestalten, der gleichzeitig zum Eingangstor am südlichen Ende des historischen Stadtkerns wird.
Die Freibereiche des neuen Kulturzentrums setzen sich zusammen aus dem großen Platz, dem Park, dem Skulpturengarten, den Höfen und der Bootsanlegestelle.
Der Bereich am See ist durch den gleichen Pflasterbelag optisch eng mit dem Hauptplatz verbunden und mit senkrechten, schmalen Steintafeln, mit denen die Standplätze der aufgestellten Skulpturen markiert werden, auch mit dem Skulpturengarten.
Das Projekt beabsichtigt die Schaffung eines einheitlichen Raums, der in der Lage ist, die Zugänge zu dem Kulturzentrum mit der neuen Fußgängerzone zu verbinden. Die Wohnungen liegen dagegen im höher gelegenen Bereich des Areals, innerhalb des geplanten Parks, und haben einen beeindruckenden Ausblick auf die Stadt und den See.
Im ehemaligen historischen Hotelgebäude ist das Museum vorgesehen. Es steht damit im unmittelbaren Zusammenhang mit den historischen denkmalgeschützten Bauwerken und den Freiräumen, die durch die öffentlichen Passagen entstehen. Im Erdgeschoss des Museums liegt der großzügige Eingang zum Museum, ein Restaurant und die Ladenpassagen als natürliche Fortführung der bestehenden Einkaufszone, der Via Nassa. In den oberen Etagen befinden sich die Ausstellungsräume des Museums selbst.
Das Theater, das im Leben der Stadt eine wichtige Rolle spielt, schließt den Bereich des Kulturzentrums ab und lässt einen Platz entstehen, der auf den See ausgerichtet ist. Der Ausblick wird durch einen verglasten Bauteil, eine Verbindungshalle zwischen Park und öffentlichem Platz, ermöglicht.
Der Parkplatz auf drei Ebenen befindet sich unter dem Platz und ist von der Via Adamini erreichbar.
Die Wohnungen, die durch die alte Bergbahn, der Funicolare degli Angioli, an die Fußgängerzone amgeschlossen sind, sind in vier vertikalen Elementen untergebracht. Sie sind über einen horizontalen Baukörper, in dem sich die Stellplätze befinden, miteinander verbunden.

Rendering der verglasten Halle zwischen Museum und Konzertsaal. Über die Halle, in der die Hauptzugänge zu den einzelnen Nutzungen liegen, sieht man vom geschützten Park über den öffentlichen Platz am ehemaligen Hotel bis zum See.

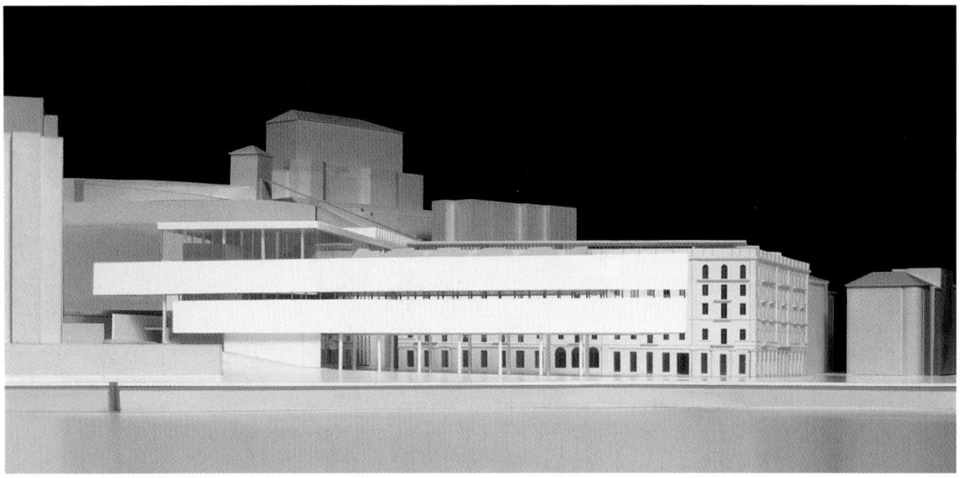

Modellansicht von der Seeseite

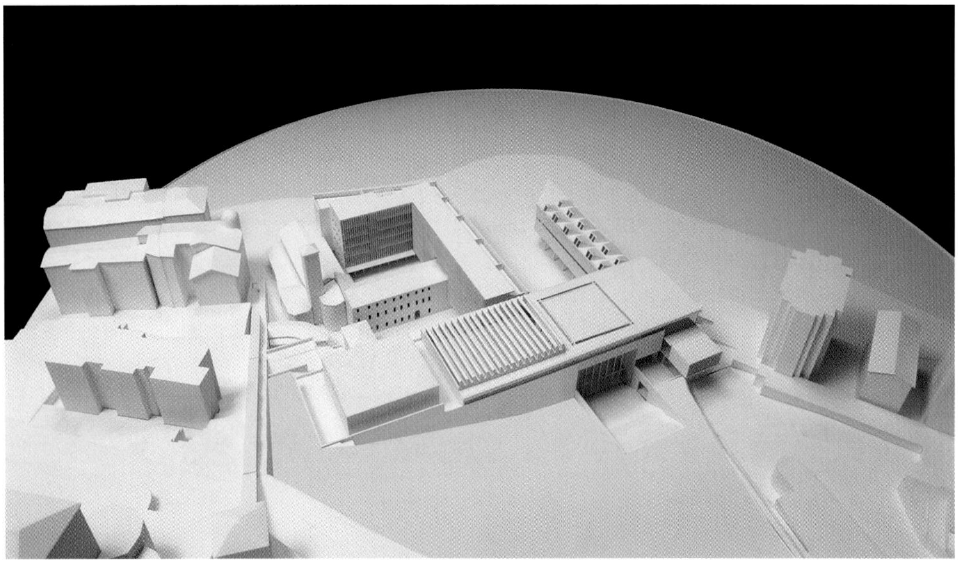

Übersicht über das Modell
aus der Parkperspektive

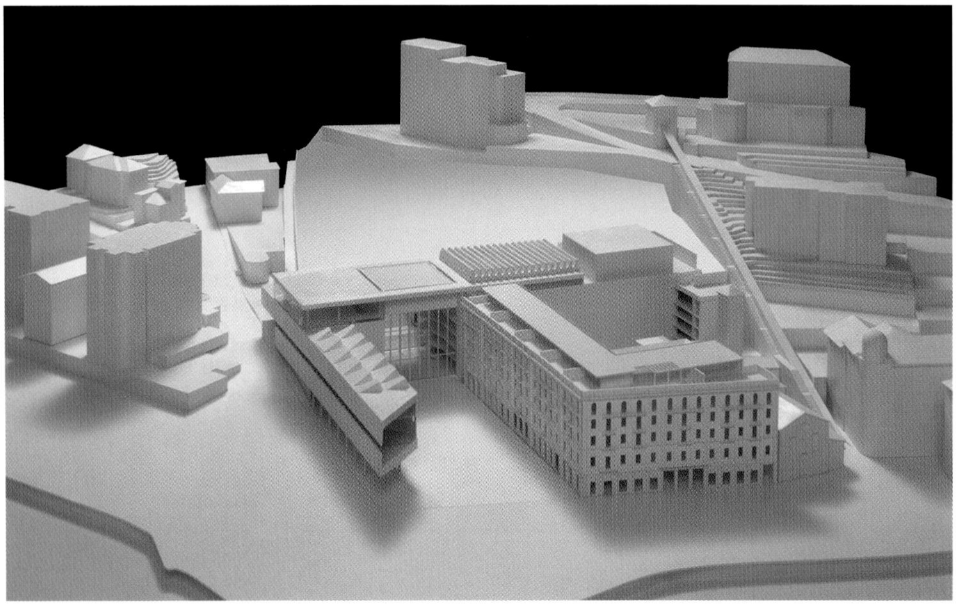

Blick auf den öffentlichen Platz
zwischen Hotel und Museum,
der sich bis zum Seeufer ausdehnt

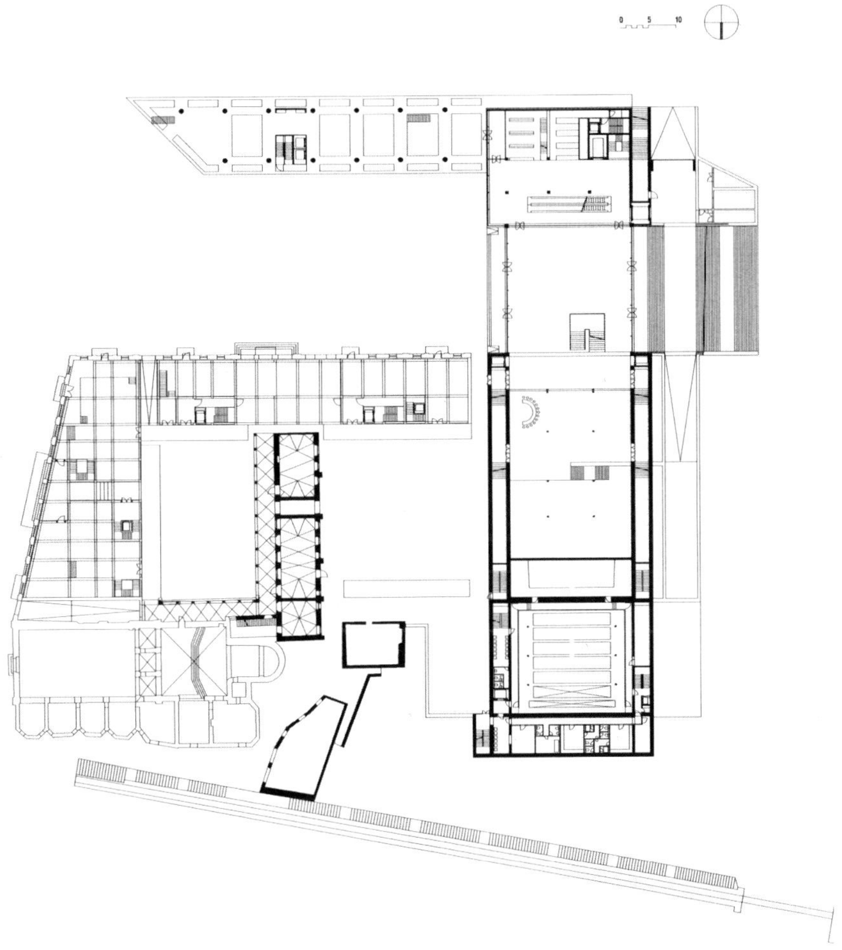

Grundriss

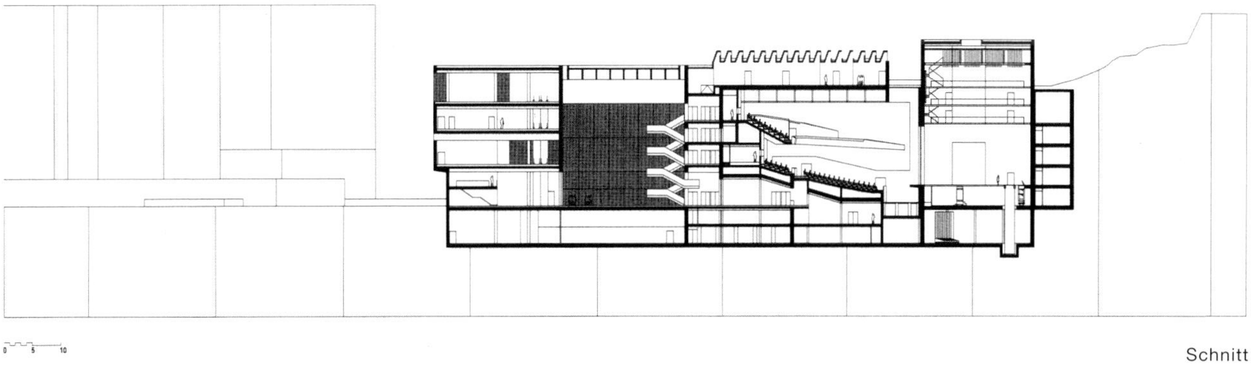

Schnitt

EX-PALACE-AREAL IN LUGANO

Der Standort des ehemaligen »Grand Hôtel Palace« liegt am südlichen Rand des historischen Stadtzentrums von Lugano, an dem zwei ganz unterschiedliche Quartiere aufeinandertreffen. Der Entwurf nimmt das Thema des dicht bebauten Kerns der historischen Stadt und die im Anschluss daran punktförmig sich ausdehnende Bebauung entlang des Seeufers auf.

Von der Kirche »Santa Maria degli Angioli« reiht sich ein einziger Baukörper in die alten Fassaden des Palace Hotels ein, einschließlich dem Kreuzgang des ehemaligen Klosters und schließt ab in einer höher gelegenen Aussichtsterrasse, die sich zum See hin öffnet. Die beiden unterschiedlichen Strukturen der Gebäude verdeutlichen die Knotenpunktlage des Projekts.

Die breite Treppe, die auf die höher gelegene Terrasse führt, wird von Baumreihen gedeckt. Sie bildet so einen Filter zwischen dem neuen Kulturzentrum und der Stadt. An diesem Platz liegen die Eingänge zu den Läden und Büroräumen und werden so zum natürlichen Abschluss der Via Nassa. Unter der neuen Terrasse liegt die Tiefgarage. Oberhalb liegen die Eingänge zum Museum und zum Konzertsaal. Die Terrasse ist ein großzügig dimensionierter Freibereich, der für unterschiedliche Veranstaltungen genutzt werden kann.

Die Parkanlage um das Kulturzentrum herum und am See dient zur Ausstellung von Skulpturen und als Erweiterung der Ausstellungsflächen.

Die geforderten Wohnungen liegen oberhalb des Kulturzentrums auf der Rückseite, am höchsten Punkt des Parkgeländes.

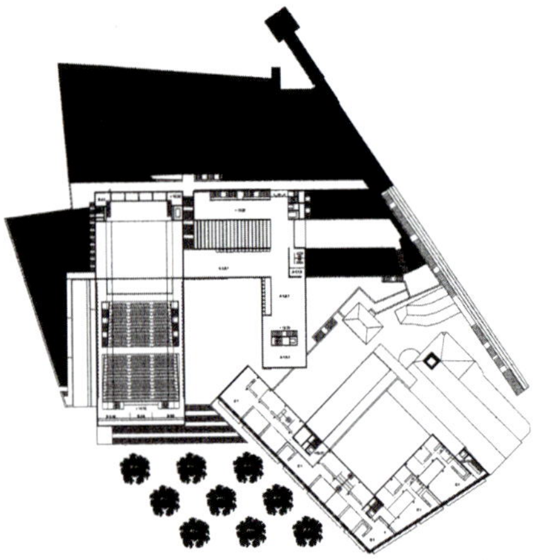

Grundriss

Der Bereich des neuen Kulturzentrums wird zur historischen Altstadt hin durch die Kirche, also einen sakralen Bezirk, abgeschlossen, während nach Süden das neue Theater, ein weltlicher Raum, den Abschluss bildet. Das Museum verbindet diese beiden charakteristischen Bereiche der Stadt. Es ist ein Bereich, der vornehmlich mit Tageslicht erhellt wird, der Theaterdistrikt dagegen wird hauptsächlich in den Abendstunden genutzt und mit Kunstlicht beleuchtet. Die Ausstellungsräume sind um den alten Kreuzgang herum angeordnet, hier herrscht eine traditionsbewusste, ernste und besinnliche Stimmung. Das Theater übernimmt Repräsentationsfunktionen und ist deshalb zur Stadt orientiert, es ist ein Festsaal, ein Raum, der nach außen wirkt. Aus diesem Grund zeigt die Bühne mit den Künstlerräumen zum See. Wie in den alten griechischen Theatern hat

die Bühne mit der dahinterliegenden großen Verglasung die Landschaft um Lugano als Bühnenbild.
Diese beiden Hauptnutzungen des neuen Zentrums begegnen sich auf der großen Eingangsterrasse. Der Bühnenturm mit den Übungsräumen und dem Künstlerfoyer liegt über den Dächern der historischen Stadt, er zeigt die Besonderheit des Projekts, indem er sich mit einer weiten Dachauskragung zum See öffnet. Nachts wird er zu einem wichtigen Lichtzeichen und Bezugspunkt für die ganze Stadt.

Oben: Rendering der Konzerthalle mit dem großen Treppenaufgang, der zum Aussichtsplateau führt.
Unten: Modellansicht vom See über den Platz und auf die Konzerthalle, die mit ihrer Bühne auf den See ausgerichtet ist.

KATIA ACCOSSATO

Geboren 1967 in Schaffhausen. Sie studiert Architektur am Polytechnikum in Mailand und diplomiert 1993. 1999 Doktorarbeit am Istituto Universitario di Architettura in Venedig zum Thema „Architektur eines Grenzlandes“. Seit mehreren Jahren ist sie als Assistentin tätig am Polytechnikum in Mailand, bei den Professoren L. Crespi und D. Vitale, und an der ETH Eidgenössischen Technischen Hochschule in Zürich bei Prof. R. Pirzio Biroli und Prof. E. Zenghelis, seit 2003 bei Prof. Luigi Snozzi und an der Architkturakademie in Mendrisio. Als Mitglied der Redaktion der Tessiner Archikturzeitschrift Archi (seit 1998) und Verfasserin zahlreicher Beiträge, unter anderem auch für die Rivista Tecnica, 1997, beteiligt sie sich öfters an internationalen Architekturseminaren. Sie lebt und arbeitet als freiberufliche Architektin in Varese und Mendrisio.

MONIQUE VON ALLMEN-BOSCO

Geboren 1966 in Rom. 1985–92 Architekturstudium an der Eidgenössischen Technischen Hochschule ETH in Zürich. 1988–89 Praktikum im Architekturbüro Mario Botta in Lugano. 1990 Praktikum bei Architekt Ugo Brunoni in Genf. 1991 Auslandssemester an der Architekturschule in Ahmedabad, Indien. Nach der Diplomarbeit bei Prof. Flora Ruchat-Roncati 1992 folgt die Mitarbeit bei Nater & Huber Architekten in Zürich und von 1996–98 bei Antonio Citterio & Partners in Mailand. Seit 1998 führt Monique von Allmen ihr eigenes Atelier in Mailand.

Bauten und Projekte: Einfamilienhaus in Gentilino, Tessin 1999; Selbstbedienunsgrestaurants für die Messe in Mailand 1998, mit E. Parodi-Dandini; Ferienhaus in Bagnes, Schweiz; Wohnhausumbau in Luzern; Ferienhaus in Crans Montana, Schweiz 2000; Wohnhaus in Agra, Tessin 2000; Überbauung Fallgass Wohn- und Bürogebäude in Mauren, Liechtenstein 2001; Wohnhaus in Gentilino, Tessin 2002; Sporthalle in Arogno, Tessin 2002; Wohnhausumbau in Lugano 2003.

MICHELE ARNABOLDI

Geboren 1953 in Ascona. 1972–79 Architekturstudium an der Eidgenössischen Technischen Hochschule ETH in Zürich. Von 1979 bis 1985 Mitarbeit im Architekturbüro von Prof. Luigi Snozzi in Locarno. 1982–85 und 1993 Assistent von Prof. Dolf Schnebli an der ETH in Zürich. Seit 1985 selbständiges Architekturatelier in Locarno. Es folgen 1986–92 Diplomexperte bei Prof. Schnebli, ETH in Zürich. 1993 Dozent für Entwurf, Hamburger Stadtentwicklungsforum und Auftrag für den Masterplan Expo 2000, Hannover. 1994 Entwurfsassistent am Internationalen Architektur-Seminar in Monte Carasso, Tessin, unter Leitung von Prof. Luigi Snozzi. Gastdozent an der Washington University, St. Louis, USA. 1995 Entwurfsdozent am Seminar der Europäischen Sommerakademie in Weimar und 1997 am Internationalen Architektur-Seminar in Monte Carasso, Tessin. 2002 Dozent an der Architekturakademie in Mendrisio, Tessin. Seit 1993 ist er Mitglied der kantonalen Kommission Bellezze Naturali und seit 2000 im Komitee Ortskern, Gemeinde Carona, Tessin. Zusätzlich ist er im Komitee der Zeitschriftredaktion Werk, Bauen und Wohnen. Er hält zahlreiche Vorträge und nimmt häufig an Wettbewerbsgerichten teil.

Bauten und Projekte (Auswahl): Tessin: Erweiterung Wohnhaus in Arcegno 1991; Wohnblock in Minusio 1991; Raumplanungsstudie für die Magadinoebene 1992; Wohnblöcke in Ascona und Solduno 1992; Gartenanlage Orti Pianello in Cureglia 1992, 5 Wohnhäuser in Arcegno 1996; Wohnhaus in Ascona 1998; Gemeindehaus in Cevio 1998; Wohnhäuser in Brissago 1999/2003; Raumplanungsprojekt der Zone Riviera 1999; Wohnhaus in Solduno 1999; Neuplanung des Seeufers in Ascona 2000; Wohnhaus in Tegna 2001; Raiffeisenbank in Intragna 2002; Neuplanung des Ex-Palace-Geländes in Lugano 2001/02; Flughafen Magadino 2002; Wohnhaus und Atelier in Pianezzo 2003. Pavillon für das 4 Kulturenfest in Neuenburg 1991; Masterplan Expo 2000 in Hannover 1994 mit Raffele Cavadini und Albert Speer&Partner; Halle 25 und Parkhaus Nord Messe Hannover 1998 mit Betram und Bünemann Hannover, Studienauftrag Expo 01, Arteplage Yverdon-les-Bains 1999; Studienauftrag Verkehrsmuseum Luzern 1999; Studienauftrag Letzigrund Zürich 2003.

ANDREA BASSI

Geboren 1964 in Lugano. 1979–85 Architekturausbildung an der Technischen Fachhochschule STS in Lugano-Trevano. 1986-91 Studium der Architektur an der Ecole d'architecture in Genf. Während des Studiums Arbeitspraktika im Atelier für Stadtplanung von B. Secchi in Siena. Mehrere Projekte und Zusammenarbeit mit dem Bildhauer J.L. Perrot in Genf. 1991–93 Mitarbeit als Projektleiter im Architekturbüro Burkhalter & Sumi in Zürich. 1994–96 freie Berufstätigkeit mit P. Tanari in Genf. Seit 1997 eigenes Architekturatelier in Genf. 1999/2000 Assistent von Burkhalter&Sumi an der ETH in Zürich. Seit 2002 Mitglied der Stadtplanungskommission des Kantons Genf. 2001–03 Mitglied der SIA Wettbewerbskommission. Seit 2000 Komiteemitglied der FAS–Bund Schweizer Architekten, Sektion Genf. Beteiligung an zahlreichen Architekturforen und Seminare.

Auszeichnungen: Preis Schindler 1985, Preis Artefer 1990, Preis Interassar 1991, Preis Lignum 2000, Preis Bauen mit Holz (München) 2001

Literatur: *La Romandie existe,* Verlag Hochparterre, Zürich 1998.
La plus petite des architectures, Editions Hall-Palermo, Genève 2000.
Matière d'art. Architecture contemporaine en Suisse, Birkhäuser Verlag, Basel 2001.
Nouvelle Simplicité, Editions Espace de l'art concret, Mouans Sartoux 2002 (Buch zur Ausstellung).
Figuren – Andrea Bassi, Text von Martin Steinmann, *De aedibus-Zeitgenössische Architekten und ihre Bauten,* Quart Verlag, Luzern 2004 (Buch zur Ausstellung an der EPF Lausanne).

Bauten und Projekte (Auswahl): Wohnhäuser in Bosco Luganese 1997 und Novazzano, Tessin 1998; Radiologiezentrum in Carouge, Genf 1998/2003; Wohnhaus in Vandoeuvres bei Genf 2000; Wohnhauserweiterung in Veyrier, GE 1999; Wohnhaus in Collonge-Bellerive, GE 2000; Villen in Veyrier, GE 2000, in Cologny, GE 2001, in Anières, GE 2002; Haus in Brusino Arsizio, Tessin 2002; Wohnhaus in Nyon 2002. In Ausführung: Schule und Kinderkrippe in Ouches, bei Genf, die Bank Pictet & Associés in Acacias-Genf, Primarschule in La Maladière, Neuenburg, Villa in Coppet bei Genf.

Forschung und Design: 1995 konzipiert und entwickelt Andrea Bassi in Zusammenarbeit mit Vitrocsa ein Schiebefenstersystem aus Aluminium *la fenètre minimale,* das heute serienmässig produziert wird.

NICOLA BASERGA
+ CHRISTIAN MOZZETTI

NICOLA BASERGA
Geboren 1970. 1985–91 Architekturausbildung an der Technischen Fachhochschule STS in Lugano-Trevano. Studienauszeichnung Preis Maraini und Preis Schindler. 1991 Mitarbeit bei Architekt Elio Ostinelli, Chiasso. Freie Mitarbeit bei Arch. W. Michl und W. Zschokke in Wien. 1993-97 Studium der Architektur an der Eidgenössischen Technischen Hochschule ETH in Zürich mit Diplomarbeit bei Prof. Flora Ruchat-Roncati, Auszeichnung mit dem Hatt-Bucher-Preis. 1997 Mitarbeit im Architekturbüro Keller-Hubacher Architekten in Herisau, Schweiz. 1998 Mitarbeit im Büro Binott-Gähler Architekten in St. Gallen. Seit 1999 selbständiges Atelier zusammen mit Christian Mozzetti in Muralto. 1999 Assistent für Entwurfsarbeit an der Architekturakademie in Mendrisio.

CHRISTIAN MOZZETTI
Geboren 1970. 1985–91 Architekturausbildung an der Technischen Fachhochschule STS in Lugano-Trevano. 1992–97 Mitarbeit bei den Architekten C. Paillard, P. Leemann und Partner AG in Zürich. Seit 1998 freie Berufstätigkeit mit Atelier in Muralto, seit 1999 zusammen mit Nicola Baserga.

Bauten und Projekte: Tessin: Aufstockung Wohnhaus in Gordola 1999; Künstleratelier in Lavertezzo 2001; Ausbau Wohnhaus in Gerra Piano 2001; Wohnhausanbau in Arbedo 2002; Alphütte Cristallina–Bedretto 2003; Einfamilienhaus in Gordola 2003; Kindergarten und -schule in Gordola; Erneuerung der Seefront in San Nazzaro 2002, Neues Pfarreizentrum in Gordola. Vier Flazbrücken in Samedan, Graubünden 2003 mit Ing. Andrea und Eugenio Pedrazzini.

MARIO BOTTA

Geboren 1943 in Mendrisio. 1958–1961 Bauzeichnerlehre bei Carloni und Camenisch in Lugano. 1961–1964 Kunstgymnasium in Mailand. 1964–1969 Architekturstudium am Istituto Universitario di Architettura in Venedig mit Diplomarbeit bei Carlo Scarpa und Giuseppe Mazzariol. Mitarbeit bei Le Corbusier und Louis Kahn während dem Studium in Venedig. Seit 1969 eigene Berufstätigkeit in Lugano. Gastprofessur an der EPFL–Eidgenössisches Polytechnikum in Lausanne 1976 und an der Yale School of Architecture in New Haven, Connecticut, USA 1987. Seit 1983 Professor der Eidgenössischen Technischen Hochschule Lausanne. 1982–1987 Mitglied der eidgenössischen Kunstkommission. Seit 1996 lehrt er an der von ihm idealisierten und mitgegründeten Architekturakademie in Mendrisio. Er lebt und arbeitet in Mendrisio und Lugano.

BRUNO – FIORETTI MARQUEZ – MARTINI

PIERO BRUNO

Geboren 1963 in Triest, Italien. Studiert am Istituto Universitario di Architettura in Venedig und schließt 1990 mit dem Architekturdiplom ab. Seit 1990 Mitarbeit in verschiedenen Architekturbüros in Italien. 1991–95 Mitarbeit bei mehreren Architekturbüros in Berlin. Seit 1995 freie Berufstätigkeit und Atelier mit Donatella Fioretti und José Gutierrez Marquez in Berlin.

DONATELLA FIORETTI

Geboren 1962 in Savona, Italien. Architekturstudium am Istituto Universitario di Architettura in Venedig mit Diplomabschluss 1990. 1991 Mitarbeit im Atelier von Architekt Peter Zumthor in Haldenstein, Schweiz. 1992–95 Mitarbeit bei den Architekten Leon + Wohlhage in Berlin. 1995 eigenes Architekturatelier zusammen mit Piero Bruno und José Gutierrez Marquez in Berlin.

JOSÉ GUTIERREZ MARQUEZ

Geboren 1958 in Rosario, Argentinien. Studium der Architektur an der Nationalen Universität in Rosario mit Architekturdiplom 1981. 1982–85 Mitarbeit bei verschiedenen Architekten in Argentinien. 1991 Architekturdiplom am IUAV Istituto Universitario di Architettura in Venedig. 1986–91 Mitarbeit in verschiedenen Architekturbüros in Italien, von 1991–94 in Berlin. Seit 1995 Architekturatelier zusammen mit Piero Bruno und Donatella Fioretti.

Bauten und Projekte (Auswahl): 2 Wohnhäuser in Berlin 1996; 2 Wohnhäuser in Wuppertal, Deutschland 1996; Gebäudeumbau in Berlin 1998 und 2000; Strafanstalt in Wulkow, Deutschland 1997/2000 mit B. Jürgens; Wohnhausumbau in Berlin 1998; Aulengebäude der Universität in Lugano 2001; Umbau einer Villa in Potsdam-Babelsberg, Deutschland 2000; Gemeindebibliothek in Schweinfurt, Deutschland 2000; Wohngebäudeumbau in Berlin 2001/2002, Wohnhaus in Berlin 2002; Sanierung zweier Jugendstilhäuser in Potsdam, Deutschland 2002; Wohnhaus in Morgetown, Virginia USA 2002; Wohngebäudeumbau Unter den Linden in Berlin 2003; Wohnhausumbau in Berlin 2003.

LORENZO MARTINI

Geboren 1958 in Cevio, Tessin. 1985 Architekturdiplom an der Eidgenössischen Technischen Hochschule in Zürich. 1991–94 Assistent an der ETH in Zürich. 1994 bis 98 Mitarbeit in unterschiedlichen Architekturbüros im Raum Zürich. 1996–2002 Zusammenarbeit für einzelne Projekte mit Corrado Signorotti, Mauro Malisia, Studio Bruno Fioretti Marquez.

Bauten und Projekte: Cocktail-Bar Rheingold, Berlin 1998; Restaurant Rutz, Berlin 1999; Showroom Cartillone, Berlin 2001; Aulengebäude Universität Lugano, 2001, mit Architekten Bruno–Fioretti–Marquez; Umbau Stiftungssitz der Val Bavona, 2002, mit Mauro Malisia.

RAFFAELE CAVADINI

Geboren 1954 in Mendrisio. 1973–74 Studium der Architektur an der Eidgenössischen Technischen Hochschule ETH in Zürich. 1975–80 Fortsetzung der Studien am Institut für Architektur in Venedig (IUAV) mit Doktoratsabschluss. 1980 Arbeitspraktikum bei Architekt Aurelio Galfetti in Bellinzona, 1982–85 Mitarbeiter im Architekturbüro von Luigi Snozzi in Locarno mit gleichzeitig selbständiger Tätigkeit. Seit 1985 eigenes Architekturatelier in Locarno. 1981–82 Assistenz an der École d'architecture in Genf. 1982–83 Assistenz an der ETH in Zürich. 1986 Gastdozent an der SCI-ARC in Vico Morcote Southern California Institute of Architecture Los Angeles. 1987–88 Gastdozent an der EPFL in Lausanne. 1995 Kursleitung der Internationalen Architekturseminare in Monte Carasso und in Brig-Glis. 2002–03 Entwurfsdozent an der Architekturakademie in Mendrisio. 1990–2001 Mitglied der kantonalen und von 1997–2002 der eidgenössischen Kommission für Denkmalpflege. Hält zahlreiche Vorträge im In- und Ausland.

Auszeichnungen: Die Besten 96 – Schweizer Fernsehen und Hochparterre Zürich 1996, Premio internazionale di architettura di Pietra, Verona 1995, Premio Internazionale di architettura contemporanea alpina 1996, Preis SIA Tessin 2003

Literatur: *Raffaele Cavadini Architetto. Opere 1987 bis 2001,* Fischer AG, Münsingen 2003.

Bauten und Projekte (Auswahl): Hotel in Locarno 1989; Wohnhaus in Brissago, Tessin 1988; Wohnhäuser in Minusio 1994, in Locarno Monti 1991; Wohnblock in Gordola, Tessin 1991; Einfamilienhaus in Gerra Piano, Tessin 1992; Wohnhaus in Ambri, Tessin und in Tremona, Tessin 1992; Portico Madonna di Ponte Brissago, Tessin 1996; Kapelle Porta oberhalb Brissago, Tessin 1996; Totenkapelle in Iragna, Tessin 1993; Sanierung der Kapuzinerklosteranlage in Faido, Tessin 1993; Kapelle in Giubiasco, Tessin 1994; Rathaus in Iragna und Platzgestaltung in Iragna, Tessin 1995; Museum im Kapuzinerkloster Santa Maria Bigorio, Tessin 1995; Markthalle Giubiasco, Tessin 1996; Restaurierung der Kirche Santa Maria Assunta Chiggiogna, Tessin 1998; Zweifamilienhaus in Villa Luganese, Tessin 1997; Restaurierung der Kirche Santa Maria delle Grazie in Cugnasco, Tessin 2000; Ethnografisches Museum in Olivone, Tessin 2000; Wohnhaus in Astano, Tessin 1999; Wohnhaus in Iragna, Tessin 1999; Restaurierung des Oratorio San Francesco Saverio in Ponte Valentino 1999; Einfamilienhaus in Pura, Tessin 2000; Erweiterung der Friedhofanlage in Malvaglia, Tessin 2001; Restaurierung der Erzpfarrei in Balerna 2003; Masterplan Expo 2000 Hannover 1995 mit Michele Arnaboldi; Neugestaltung des Seeufers in Luino, Italien 2000; Neugestaltung des Platzes Piave Voldomino, Italien 2000.

MICHELE CHRISTEN

Geboren 1965 in Sorengo. 1984–90 Architekturstudium an der Eidgenössischen Technischen Hochschule in Lausanne EPFL mit Diplom 1991 bei Prof. Luigi Snozzi. 1988–89 und 1991 Arbeitspraktikum bei Architekt Nikos Ktenàs in Lugano. Seit 1992 eigene Arbeitstätigkeit in Lugano. Seit 1996 Zusammenarbeit mit Architekt Bertschy in Bulle und eigenes Atelier in Lugano.

Bauten und Projekte: Wettbewerb Regionales Sportzentum in Bulle, Schweiz 1993, Theologiefakultät der Universität Lugano 2002, Wohnhaus in Le Paquier, Fribourg 2001; Wohnhaus in Bulle, Fribourg 2002.

PIA DURISCH + ALDO NOLLI

PIA DURISCH
Geboren 1964 in Lugano. 1983–88 Architekturstudium an der Eidgenössischen Technischen Hochschule ETH in Zürich. 1985–86 Arbeitspraktikum im Architektur- und Ingenieurbüro Santiago Calatrava Valls in Zürich. 1989 Diplom ETH Zürich bei Prof. Flora Ruchat. 1989 Preis Fritz von Schuhmacher Reisestipendium, Universität Hannover. 1989–93 Mitarbeit im Atelier von Giancarlo Durisch, Riva San Vitale, Tessin. Seit 1993 Architekturatelier Durisch + Nolli zusammen mit Aldo Nolli in Lugano. 1996–98 Assistentin bei Prof. Peter Zumthor an der Architekturakademie in Mendrisio, Tessin. 2000 Mitglied FAS-Bund Schweizer Architekten. 2001 Präsidentin der Diözesekommission für kirchliche Kunst, Lugano.

ALDO NOLLI
Geboren 1959 in Mailand, aufgewachsen in Chur, Graubünden. 1978–83 Studium der Architektur an der Eidgenössischen Technischen Hochschule ETH in Zürich. 1981–82 Arbeitspraktikum im Architektur und Ingegnieurbüro Santiago Calatrava Valls in Zürich. 1984 Architekturdiplom ETH Zürich bei Prof. Dolf Schnebli. 1984–88 Mitarbeit im Atelier von Santiago Calatrava Valls in Zürich. 1989-93 Mitarbeit im Atelier von Giancarlo Durisch, Riva San Vitale, Tessin. Seit 1993 eigenes Architekturatelier zusammen mit Pia Durisch. 2000 Mitglied FAS Bund Schweizer Architekten und seit 2001 Sekretär Bund Schweizer Architekten Tessin.

Auszeichnungen: Preis SIA Tessin 2003 für das beste Privathaus: Haus für einen Künstler in Mendrisio

Literatur: *Vivere l'architettura/Living Architecture – The architecture of Durisch + Nolli*, edited by Rebecca Williamson 2000.

Bauten und Projekte (Auswahl): Design Tisch AP1 1986; Swisscom Service Center in Giubiasco, Tessin 1993–97 mit Giancarlo Durisch; Sanierung des Teatro Sociale in Bellinzona, Tessin 1993–1997 mit Giancarlo Durisch; Sanierung und Umbau Klausurkloster Santa Maria Assuntta in Claro, Tessin 1996–2003; Haus für einen Künstler in Mendrisio, Tessin 2000; Wohnumbau Haus in Neive, Italien 1998; Städteplanerische Studie für die Erweiterung der Via San Gottardo in Lugano 1999; Boutiqueeinrichtung La Trama Locarno 2000; Wohnhaus in Cureggia, Tessin 2001; Studienauftrag Wohnsiedlung Parc Nocc, Gentilino, Tessin 2002; MAX – Max Huber Museum in Chiasso 2002–2005; Baumeisterschule in Gordola, Tessin 2004 (Wettbewerb Siegerprojekt).

LORENZO FELDER

Geboren 1963 in Locarno. 1982–87 Architekturstudium an der Eidgenössischen Technischen Hochschule ETH in Zürich. Arbeitspraktika bei Architekt Aurelio Galfetti in Bellinzona und bei Architekt S. Grande in Mailand. 1988 Diplomarbeit mit Prof. Luigi Snozzi und Prof. Flora Ruchat-Roncati, ETH Zürich. 1988–90 Assistent von Prof. Vincent Mangeat an der ETH in Zürich. 1989 Arbeitspraktikum bei Reinhard & Partner in Bern. 1990–91 Arbeitspraktikum bei Weehler & Kearns in Chicago, USA. 1992–94 Mitarbeit im Architekturbüro von Aurelio Galfetti in Lugano. Seit 1994 eigenes Architekturatelier in Lugano. Redaktionsmitarbeit bei der Zeitschrift *Rivista Tecnica*. 2001 Assistent an der Architekturakademie in Mendrisio. Seit 2002 Mitglied im FAS-Bund Schweizer Architekten.

Bauten und Projekte (Auswahl): Wohnhaus in Aquila, Tessin 1990; Wohnumbau in Locarno 1991 mit N. Romerio; Wettbewerb und Ausführungsprojekt Studentenwohnungen Lichtwiese in Darmstadt, Deutschland 1994 mit Aurelio Galfetti; Aufwertung der öffentlichen Anlagen und Raumplanungsstudie für die Ortsmitte von Meran 1995/99 mit Architekt Aurelio Galfetti; Umbau des Landvogtshauses in Mendrisio 2000; Quartiersplanung in Sessa, Tessin 1997; Planung neuer öffentlicher Strukturen in San Bernardino, Graubünden 1996; Jugendherberge und Nordisches Zentrum in San Bernardino, Graubünden 2002; Gruppenmitglied bei der Planung des neuen Bahnhofs in Lugano unter der Leitung von Architekt Aurelio Galfetti 2002; Umbau in Roveredo, Tessin 2003; Erweiterung der Mittelschule in Castione, Tessin 2003; Projekt für ein Geschäftshaus in Lugano 2004.

FERRARI – GAGGETTA – MOOR

MARIO FERRARI
Geboren 1962. 1981–87 Studium der Architektur an der Eidgenössischen Technischen Hochschule EPF in Lausanne. 1987 Diplom EPFL bei Prof. Luigi Snozzi. 1990–95 Assistent bei Prof. Luigi Snozzi. Von 1995 bis 2003 Assistent am Internationalen Seminar für Architektur in Monte Carasso, Tessin und seit 2001 Assistent an der Archiekturakademie Mendrisio.

MICHELE GAGGETTA
Geboren 1965. 1985–92 Studium der Architektur an der Eidgenössischen Technischen Hochschule EPF in Lausanne. 1992 Diplom EPFL bei Prof. Luigi Snozzi. 1999– 2003 Assistent am Internationalen Seminar für Architektur in Monte Carasso, Tessin unter der Leitung von Prof. Luigi Snozzi. Seit 2001 Assistent an der Archikturakademie Mendrisio.

STEFANO MOOR
Geboren 1968. Studium der Architektur an der Eidgenössischen Technischen Hochschule EPF in Lausanne. 1993 Diplom EPFL bei Prof. Luigi Snozzi. 1993–98 Assistent bei Prof. Luigi Snozzi an der EPFL in Lausanne. 1996–98 Assistent am Internationalen Architekturseminar in Monte Carasso, Tessin. 1998 Diplomassistent von Prof. Luigi Snozzi an der SCI-ARC Southern California Institute of Architecture in Vico Morcote, Tessin.

1995 gründen die drei Architekten ein gemeinsames Architekturbüro in Monte Carasso. Seit 2000 ist Stefano Moor mit eigenem Atelier in Lugano tätig.

Gemeinsame Bauten und Projekte: Umbau und Erweiterung des Hauses Laffranchi in Contone, Tessin 1998; Wohnhausumbau in Cureglia, Tessin 1999, Wohnhaus in Brissago 1999; Wohnhaus in Comano 2000.

AURELIO GALFETTI

Geboren 1936 in Lugano. 1956–1960 Studium der Architektur an der Eidgenössischen Technischen Hochschule in Zürich. Seit 1962 eigene Berufstätigkeit, 1962–1970 Arbeitsgemeinschaft mit Flora Ruchat Roncati und Ivo Trümpy, 1970–1974 mit Livio Vacchini, 1970–1978 mit Rino Tami, Luigi Snozzi und Mario Botta. Seit 1976 eigenes Büro in Bellinzona, ab 1992 in Lugano. 1984 Gastprofessur an der EPFL-Eidgenössisches Polytechnikum in Lausanne, 1987 Professor an der Ecole d'architecture UP8 in Paris. Seit 1993 Mitglied der Beratungsgruppe für Gestaltung der FFS Alptransit Gotthard. Von 1996–2002 war er Direktor der Architekturakademie in Mendrisio. Er lebt und arbeitet in Bellinzona und Lugano.

LUCA GAZZANIGA + CARLO CECCIOLINI

LUCA GAZZANIGA
Geboren 1963 in Lugano

CARLO CECCIOLINI
Geboren 1961 in Bern.

1982–1988 Architekturstudium der beiden an der ETH in Zürich. Arbeitspraktika während der Studienzeit in Berlin bei Architekt Hans Kollhof, München, Rom – bei Architekt Carlo Aymonino – und in den USA. Schon seit Studienbeginn entwickelt sich zwischen den beiden jungen Architekten eine enge Zusammenarbeit. Von 1990 bis 2001 führen sie gemeinsam ein Architekturbüro in Lugano. Während sich Carlo Cecciolini auch dem Kunstschaffen widmet, ist Luca Gazzaniga seit 1988 redaktionell tätig und von 1992–95 Architekturverantwortlicher Redaktor bei der Zeitschrift *Domus*. Assistent an der ETH in Zürich und Leiter der Dokumentationsstelle der jungen Architekturakademie in Mendrisio. Als eingeladener Architekturkritiker hält er Vorträge und leitet Seminare an verschiedenen Hochschulen Europas.
Seit 1999 ist das Architekturatelier *studio gazzaniga* mit dem bedeutenden Architekturbüro Lluis Mateo (Map Architects) assoziiert, mit welchem es sich an größeren internationalen Wettbewerben beteiligt.

Literatur: *Luca Gazzaniga & Carlo Ceccolini – le case dell'uomo,* Edizioni clean, Napoli 1988.
Luca Gazzaniga, architetture silenziose, hg. von Paolo Vocialta, mit Texten von M. Daguerre, J. L. Mateo, Alessi, General Menbrane, Ceggia 2004

Bauten und Projekte: Einkaufshallen in Grancia, Lugano 1991; Zwei Wohnhäuser in Figino, Tessin 1995; Wohnhausumbau in Clivio, Italien 1994; Wohnhaus in Breganzona, Tessin 1996; Wohnhäuser in Vico Morcote, Tessin 1998; Machbarkeitsstudie Wohnquartier in Castel San Pietro, Tessin 1996; Casinė Kursaal, Lugano 2000 mit Bruno Huber; Ferienhaus in Brusimpiano, Italien 2000; Wohnhaus in Zürich 2003; Wohnhaus in Gentilino, Tessin 2001; Wohnhaus in Pregassona, Tessin 2001; Wohnhaus in Carona, Tessin 2000; Machbarkeitsstudie für eine Wohnsiedlung in Gravesano, Tessin 2000; Ferienhäuser in Davos, Schweiz 2001; Regionalparlamentsgebäude Haarlem, Holland 2001 mit José Lluis Mateo, map architects; Wohnhaus in Pregassona 2003; Wohnblock in Davos, Schweiz 2003; Geschäftshaus in Lugano 2002; Erweiterung Zeisthauptsitz, Holland 2006, mit José Lluis Mateo, map architects; Haus in Muzzano, Tessin 2004

IVANO GIANOLA

Geboren 1944 in Biasca. 1960–1963 Bauzeichnerlehre in Zürich. Seit 1966 eigene Berufstätigkeit in Riva San Vitale, ab 1977 in Mendrisio. Von 1970–1977 Lehrtätigkeit als Assistent von Luigi Snozzi, Ernst Studer und Livio Vacchini an der ETH–Eidgenössische Hochschule in Zürich. Gastdozent an verschiedenen Hochschulen: 1982 Ecole d'architecture in Genf, 1983 Syracuse University, New York, 1985 Ecole d'architecture in Nancy, 1986 Southern California Institute of Architecture in Vico-Morcote (Tessin), 1995 Ecole d'architecture in Strasburg, 1995–96 ETH in Zürich. Er lebt und arbeitet in Mendrisio.

GIRAUDI + WETTSTEIN

SANDRA GIRAUDI

Geboren 1962 in Vevey. Nach dem Kunstgymnasium Brera in Busto Ariszio, Italien, von 1980–84 Architekturausbildung an der Technischen Fachhochschule STS in Lugano (Studienpreis Maraini und Preis Schindler) und von 1985–89 and der Eidgenössischen Technischen Hochschule ETH in Zürich. 1988 Auslandsemester an der Rhode Island School of Design, Providence, USA. 1989 Diplom bei Prof. Flora Ruchat-Roncati. Assitentin bei Antonio Cruz und Antonio Ortiz an der ETH in Zürich, später Mitarbeiterin im ihrem Architekturbüro in Sevilla. 1991–92 Mitarbeit als Architektin im Architekturbüro Claudio Negrini in Lugano. Seit 1992 freiberuflich tätig und Entwurfsassistentin bei Prof. Florat Ruchat. Seit 1995 gemeinsames Architekturatelier mit Felix Wettstein. 1996 Mitarbeit in der Redaktion der *Rivista Tecnica*, 1997 in der Redaktionskommission der Zeitschrift *Archi.* Seit 2000 Mitglied der kantonalen Kommission Belleze Naturali e del Paesaggio (Kommission für die Respektierung Besonderheiten der Natur und Landschaft). Lehrt gegenwärtig als Gastdozentin an der Architketurakademie in Mendrisio. Zahlreiche Gastkritiken und Vorlesungen an verschiedenen Architekturschulen.

FELIX WETTSTEIN

1962 in Zürich geboren. 1982–88 Architekturstudium an der Eidgenössischen Technischen Hochschule ETH in Zürich. Arbeitspraktika bei Boris Podrecca, Wien und Martin Dominguez, Madrid. 1986–87 Austauschsemester an der Harvard University in Cambridge Mass., USA. 1987 Mitarbeit bei Architekt Rafaele Moneo in Boston, USA. 1988 Diplomarbeit bei Prof. Flora Ruchat und Prof. Hans Kollhoff an der ETH Zürich. Nach dem Studium arbeitete er für zwei Jahre als Architekt bei Rafael Moneo und Manuel Solà-Morales in Barcelona und Madrid. Neben einer zwischenzeitlichen Mitwirkung am Lehrstuhl für Geschichte und Theorie der Architektur von Prof. Giorgio Ciucci war er von 1990–96 Entwurfsassistent bei Prof. Flora Ruchat an der ETH Zürich. Zurzeit hat er einen Lehrauftrag im Rahmen des Nachdiplomstudiums »Gebaute Landschaften« an der ETH Zürich. Von 1992–95 führte er zusammen mit Andreas Stöcklin ein Architekturbüro in Basel, und seit 1995 Zusammenarbeit mit Sandra Giraudi in Lugano. 1998–2000 in der Redaktionskommission der Zeitschrift *Archi* tätig.

Auszeichnungen: Preis Reiners Stiftung für das Haus in Cadro.

Literatur: *Giraudi & Wettstein, gce, mendrisio-associazione culturale borgovico 33*, Como-Lugano 2003.

Bauten und Projekte (Auswahl): Ferienhaus in Aquila, Bleniotal, Tessin 1992; Umbau alter Magazingebäude, Basel 1991; Wohnsiedlung Hüenerbüel, Horgen, Schweiz 1993; Ausstellung Rafael Moneo, Architekturmuseum Basel 1993 mit A. Stöcklin; Haus di Paola in Cadro, Tessin 1997; Wohnhaus in Basel 1998, mit A. Dalla Favera; Erweiterung Bahnhof SBB in Basel, 2003 mit A. Cruz und A. Ortiz; Leitbild Bahnhof Oerlikon, Zürich mit Feddersen & Klostermann, O. Merlo 1998; Informatikgebäude Universität Lugano 2002; Ferienhaus in Ascona, Tessin 2002; Wohnumbau in Mendrisio, Tessin 2002; Wohnsiedlung Parco Nocc in Gentilino, Tessin 2002; Bahnhof Zürich Löwenstraße, 2002; Haus Vergani, Viganello, Tessin 2004.

GUSCETTI STUDIO D'ARCHITETTURA

GIORGIO GUSCETTI

Geboren 1958 in Ambri. Architekturstudium an der Technischen Hochschule STS in Lugano-Trevano mit Diplomarbeit 1985 bei Prof. Fabio Reinhard. 1981–98 zuständiger Architekt für Planung und Entwurf im Architekturbüro F.lli Guscetti in Ambri.
Seit 1999 Titelinhaber des Architekturbüro in Ambri.

GIOVANNI GUSCETTI

Geboren 1969 in Locarno. 1988–94 Studium der Architektur an der Eidgenössischen Technischen Hochschule ETH in Zürich. 1991–92 Praktikumsjahr im Büro Fratelli Guscetti in Minusio. Diplomarbeit 1994 bei Prof. Mario Campi mit Interesse zur Raumplanung. 1994 Mitarbeit im Architekturbüro K.T. Brenner und 1995 bei O. M. Ungers in Berlin. Masterdegree in territorialer Raumplanung an der ETH in Zürich. 1997–98 Mitarbeiter im Büro Guscetti in Minusio. Seit 1999 Titelinhaber des Büros für Architektur und Raumplanung in Minusio. 2002 Gastdozent im Unterricht von Prof. Antonio Citterio an der Architekturakademie in Mendrisio.

Bauten und Projekte (Auswahl): Raiffeisenbank in Piotta, Tessin 1993; Haussanierung in Lodrino, Tessin 1993; Wasserklärungsanlage in Ambri, Tessin 1994; Erweiterung Klosteranlage San Hildegardis, Orselina, Tessin 1996; Wohnhaus in Minusio, Tessin 1996; Gemeindeturnhalle und Foyer des Kongresszentrums in Muralto, Tessin 1997; Wohnhaus und Büro in Morbio Inferiore, Tessin 1999; Sanierung der Agraranlage Barelli in Prosito, Tessin 1999; Kletterwandhalle in Ambri, Tessin 1999; 4-Familien-Wohnhaus in Minusio, Tessin 2000; Einfamilienhaus in Lugano 2000; Übungshalle für die Fluganlage in Lodrino, Tessin 2000; Centro Motta in Airolo 2000; Einfamilienhaus in Besazio, Tessin 2001; Wohnhaus in Minusio, Tessin 2002.

JACHEN KÖNZ + LUDOVICA MOLO

JACHEN KÖNZ

Geboren 1962 in Chur. 1982–88 Architekturstudium an der Eidgenössischen Technischen Hochschule ETH in Zürich. Arbeitspraktikum 1984 bei O.M. Ungers in Frankfurt und 1985 bei M. de Solà Morales in Barcelona. 1986 Symposium Skupltur in Salzburg. 1986–87 Zwischensemester an der EPF in Lausanne bei Prof. Luigi Snozzi. 1988 Architekturdiplom bei Prof. Flora Ruchat-Roncati an der ETH in Zürich. Seit 1994 kantonal bewilligter Stadtplaner. 1998 Gastkritiker an der ETH in Zürich. 1998–99 Mitarbeit an dem Lehrstuhlunterricht von Prof. R. Vallebuona der Architectural Association in London. 2003 Professur an der SCI-ARC Southern Californian Institute of Architecture in Vico Morcote, Tessin. 1996 Redaktor der Zeitschriften *Rivista Tecnica* und *Archi*. Seit 1997 Mitglied im Komitee und 1998 Präsident der SIA Tessin. Seit 2000 Komiteemitglied der SIA Fachgruppe Architektur.

Auszeichnungen: Prix Lignum 1999, Preis SIA Tessin 2003.

Bauten und Projekte (Auswahl): Raumplanungsprojekt Cuncas in Sils 1991 mit Lorenzo Felder und R. Vallebuona; öffentliche Parkplatzanlage und Infogebäude in Guarda, Graubünden 1994; Verteilungsanlage und Wasserwerkzentrale in Poschiavo, Graubünden, 1993 mit Aurelio Galfetti und E. Zanolari; Verkehrsplanung und öffentliche Platzgestaltung in Canobbio 1995 mit Carola Barchi; Planung der neuen Wassersportanlagen Caumasee in Flims, Graubünden 1997–98; Masterplan und Koordination und Mehrzwecksaal der neuen Universität in Lugano 2002, mit Aurelio Galfetti; Wohnungsbau in Zuoz, Graubünden 2003; Umbau eines alten Engadiner Hauses in Schanf, Graubünden 2002 mit Ludovica Molo; Wohnungsbau in Zuoz, Graubünden 2003 mit Ludovica Molo.

LUDOVICA MOLO

Geboren 1968 in Lugano. 1987–94 Architekturstudium an der Eidgenössischen Technischen Hochschule ETH in Zürich. 1990–91 Arbeitspraktikum bei Prof. Aurelio Galfetti in Lugano. 1994 Architekturdiplom ETH Zürich. 1994–95 Mitarbeit im Studio Morphosis Architects in Santa Monica, Kalifornien.
1996 Assistentin von Professor Ray Kappe an der SCI-ARC in Vico Morcote. 1997–98 Assistentin von Gastdozent Mirko Zardini an der EPFL in Lausanne. 1998–03 Assistentin von Prof. Kenneth Frampton und 2000–01 von Gastdozentin Francine Houben/Mecanoo Architects an der Architekturakademie in Mendrisio. Herbst 2003 Workshopleitung an der SCI-ARC in Vico Morcote mit Jachen Könz.

Bauten und Projekte: Haus Bever 1998 mit Jachen Könz; Attikawohnung in Lugano 2000; Projekt Studentenwohnstätte in Mendrisio, Tessin 1998 mit Carola Barchi.

BIAGIO LEPORI

Geboren 1975 in Faido. 1994–2000 Architekturstudium an der EPFL Eidgenössischen Hochschule Lausanne. 1996–97 Assistent bei Prof. Jean Louis Scartezzini, Bauphysisches Institut ITB-EPFL in Lausanne. 1997 bis 98 Praktikum bei den Architekten Becher/Rottkamp in Berlin. 2000 Diplomarbeit bei Arch. Patrick Berger. Seit 2001 eigenes Architekturatelier in Bellinzona.

Bauten und Projekte: Wohnhaus in Camorino, Tessin; Rusticoumbau in Giubiasco und Cadro, Tessin.

DOMENICO LUNGO

Domenico Lungo, Jahrgang 1964, absolviert das Architekturstudium mit Diplom am Polytechnikum in Mailand. Als freischaffender Architekt ist er auch an der Architekturakademie in Mendrisio tätig, unter anderem als Assistent bei M. Botta, M. Devigne, A. Galfetti und E. Battisti. Während mehrerer Jahre war er Mitglied im Komitee der Architektengruppe SIA Tessin (GPA), und moderierte öfters Diskussionsrunden und Vorträge, insbesondere zum Thema der territorialen Entwicklung des Kantons Tessin. Als hauptverantwortlicher Redakteur der Architektur-Zeitschrift Archi (ex Rivista Tecnica-Zeitschrift des SIA – Schweizerischer Verein der Ingenieure und Architekten, Sektion Tessin) förderte er vor allem die Publikation von Themenheften. Er schreibt wöchentlich für die Tagespresse La Regione über Filmkunst, Architektur und neue Medien. Gegenwärtig recherchiert er für seine Dissertationsarbeit zum Thema »Architektur und Landschaft« an der Polytechnischen Universität in Mailand.

DAVIDE MACULLO

Geboren 1965 in Giornico. Studium der Innenarchitektur an der Fachhochschule für Gestaltung in Lugano. Es folgen mehrere Aufenthalte im Ausland. Seit 1990 Mitarbeit im Architekturbüro Mario Botta in Lugano und zuständig für einige Projekte im Ausland, gleichzeitig auch freiberuflich tätig. 1999 erwirbt er den Architektentitel REG A.

Bauten und Projekte: Wohnhaus in Rossa, Tessin 1998; Fusspasserelle in Lodrino, Tessin 1999; Wohnhaus in Muzzano, Tessin 2002; Videokunst-Ausstellungseinrichtung Migros Museum Zürich 2002; Loftapartment bei Lugano 2003; Wohnhaus in Gorduno, Tessin 2003.

MASSIMO MARAZZI

Geboren 1956. Studium der Architektur in Genf und Diplomarbeit 1984. 1984–86 Mitarbeit im Architekturbüro Galfetti-Hunziker in Riva San Vitale. Seit 1986 freie Berufstätigkeit in Novazzano, später in Chiasso. Seit 2000 Dozent für das Entwurfsatelier an der Technischen Fachhochschule SUPSI in Lugano.

Bauten und Projekte (Auswahl): Hausumbau in Bissone, Tessin 1988; Bauerweiterung der Mittelschule mit Turnhalle in Cadenazzo, Tessin 1989 in Zusammenarbeit mit Lucchini und Perotti, Lugano; Wohnhäuser in Origlio 1990 und in Brusino Arsizio, Tessin 1992; Wohnhäuser in Coldrerio 1992 und Cagiallo 1994, Tessin; Kinderschule in Coldrerio 1996; Gebäudeumbau in Chiasso 1997/98; Kulturzentrum in Versoix bei Genf 1998; Zollhaussanierung in Pizzamiglio, Tessin 1999; 4 Wohnhäuser in Riva San Vitale, Tessin 2001; Erweiterung der Raiffeisenbank in Coldrerio 2001; Zollinfrastrukturen in Chiasso 2001; Zollhaussanierung in Lugano 2003; Erweiterung und Sanierung des Bahnhofgebäudes in Chiasso; Wohnhaus in Coldrerio, Tessin 2004.

MAZZOLA + MEYER + PIATTINI

IRA PIATTINI

Geboren in Mailand 1965. Studiert Architektur an der ETH in Zürich und diplomiert 1991. 1992–93 Mitarbeit im Studio Mario Botta in Lugano. Von 2000–03 Entwurfsassistentin an der Architekturakademie in Mendrisio. Seit 1997 Architekturatelier mit Lukas Meyer.

LUKAS MEYER

Geboren 1958 in Florenz. Studiert Architektur an der Eidgenössischen Technischen Hochschule in Zürich mit Diplomabschluss 1985. 1985–88 Mitarbeit bei Architekt Giorgio Grassi in Mailand. Von 1988–97 Zusammenarbeit mit Mirko Zardini. Entwurfsassistent an der ETH in Zürich und an der Architekturakademie in Mendrisio. Seit 1997 Architekturatelier zusammen mit Ira Piattini.

LORENZA MAZZOLA

Geboren 1966 in Lugano. Studiert Architektur an der Eidgenössische Technische Hochschule ETH in Zürich und diplomiert 1991.
1992–93 Mitarbeit im Studio Mario Botta in Lugano.
1994–96 Entwurfsassistentin an der Eidgenössische Technische Hochschule ETH in Zürich. Lehrt an der Fachhochschule in Lugano Trevano.

Bauten und Projekte: Wohnhäuser in Cadempino,, Tessin 2000; Kulturzentrum-Umnutzung des alten Schlachthauses in Lugano 2002; Kindergarten in Lugano 2004; Geschäftshaus in Lugano-Cassarate 2004.

BELÉN ALVES PFISTER + NICOLA PFISTER

BELÉN ALVES PFISTER
Geboren 1966 in Neuenburg, portugiesisch-spanischer Herkunft. Architekturstudium an der Eidgenössischen Hochschule EPF in Lausanne und 1991 Diplomarbeit mit Prof. Luigi Snozzi. Zusätzliches Architekturdiplom an der Universität in Porto, Portugal. 1989 Praktikumsarbeit bei Architekt Raffaele Cavadini in Locarno. Seit 1993 eigenes Architekturatelier in Mendrisio. Seit 1996 als hauptverantwortliche Assistentin an der Architekturakademie in Mendrisio tätig für das Entwurfsatelier des Lehrstuhls Mario Botta.

NICOLA PFISTER
Geboren 1964 in St. Gallen. Architekturstudium an der Eidgenössischen Technischen Hochschule EPF in Lausanne. 1991 Diplomarbeit mit Prof. Luigi Snozzi. 1989 Arbeitspraktikum und von 1993 bis 2000 Mitarbeit als Projektverantwortlicher im Architekturbüro Mario Botta in Lugano. Seit 2000 selbständige Tätigkeit mit Partnerbeteiligung in den Architekturbüros in Mendrisio und St. Gallen. Seit 2002 Assistent an der Architekturakademie Mendrisio bei Architekt Raffaele Cavadini.

Bauten und Projekte: Sanierung und Teilumbau des Hofguts Pignora in Novazzano, Tessin 1994, Neubau Geschäftshaus Schubiger St. Gallen 2002, Hotelanbau in Vacallo, Tessin 2001, Wettbewerb für den neuen Küchenblock der psychiatrischen Klinik in Mendrisio, Tessin 2002.

SNOZZI GROISMANN + GROISMAN

SABINE SNOZZI
Geboren 1962 in Locarno. Studiert Architektur an der Eidgenössischen Technischen Hochschule ETH in Zürich mit Abschlussdiplom im Jahre 1987. Von 1989 bis 90 ist Assistentin bei Prof. Ernst Studer. Arbeitspraktika bei Architekt Alvaro Siza in Porto, Portugal 1983–84. Mitarbeit bei Prof. Luigi Snozzi in Locarno 1984 und von 1988–94, sowie bei Aurelio Galfetti in den Jahren 1987–88. Seit 1992 eigenes Architekturatelier in Locarno zusammen mit Gustavo Groisman.

GUSTAVO GROISMAN
Geboren 1962 in Buenos Aires. Studiert Architektur mit Bachelor Degree 1985 und anschließend Master an der SCI-ARC Southern Californian Institute of Architecture in Vico Morcote, Tessin. 1984–92 enge Mitarbeit im Atelier von Prof. Luigi Snozzi in Locarno. 1986 Assistent von Raffaele Cavadini und 1987–90 von Prof. Luigi Snozzi an der SCI-ARC in Vico Morcote. 1994 lehrt er am Internationalen Seminar für Architektur in Monte Carasso und während des Herbstseminars an der Schule in Vico Morcote.

Bauten und Projekte: Wohnhaus, Downey, USA 1989; Wohnhaus, Airolo, Tessin 1992; Haus Guidotti, Monte Carasso, Tessin 1994; Wohnhaus in Locarno, Tessin 1997; Wohnhäuser in Pura und Godremo, Tessin 1995; Wohnhaus in Locarno 1996; Haus Doctorovich, General Roca, Argentinien 1996; Haus Baiano, Versoio 1998; Pavillon Pinocchio für die EXPO 2002 in Yverdon mit Luigi Snozzi.

LUIGI SNOZZI

Geboren 1932 in Mendrisio. 1952–1957 Studium der Architektur an der Eidgenössischen Technischen Hochschule in Zürich. Seit 1958 eigene Berufstätigkeit in Locarno, 1962–1971 Arbeitsgemeinschaft mit Livio Vacchini. 1973 bis 1975 Gastprofessor an der ETH in Zürich. 1975 Büro mit Bruno Jenni in Zürich. 1980–1982 Gastprofessur an der Ecole d'architecture in Genf, 1984–1997 ordentlicher Professor an der EPFL Ecole polytechnique fédérale in Lausanne. 1987–1988 Gastdozent am Southern California Institute of Architecture in Vico Morcote (Tessin). 1988 öffnet er ein weiteres Planungsbüro in Lausanne. Von 1986–1988 ist er Mitglied im Gestaltungsbeirat der Stadt Salzburg. 1998 bis 2000 Gastprofessur an den Architekturfakultäten in Triest und 2002–2003 in Alghero. Er lebt und arbeitet in Locarno.

SOLIMAN + ZURKIRCHEN

AMR SOLIMAN

Geboren 1965 in Alexandria (Ägypten). 1987 Architekturdiplom an der Alexandria University. 1988–90 Mitarbeit bei Stücheli Architekten und Andreas Schärli in Zürich. 1995 Diplom an der Eidgenössischen Technischen Hochschule ETH in Zürich. 1996–2001 Assistent und Diplomassistent bei Prof. Mario Campi. 1996–99 freischaffender Architekt in Zürich.

Seit 1999 gemeinsames Architekturbüro mit Patrik Zurkirchen.

PATRIK ZURKIRCHEN

Geboren 1964 in Liestal. Studium der Architektur an der Eidgenössischen Technischen Hochschule ETH in Zürich. 1991 Diplom ETH in Zürich. 1992–1996 Mitarbeit bei Campi-Pessina Architekten in Lugano. 1997 bis 99 Assistent bei Prof. Mario Campi. 1997–99 freischaffender Architekt in Zürich.

Seit 1999 gemeinsames Büro mit Amr Soliman.

Bauten und Projekte: Palazzo Canavée, Architekturakademie Mendrisio 2002; Bibliotheksturm in Mendrisio – Wettbewerbsprojekt; Kantonsschule in Küsnacht; Museum für zeitgenössische Kunst in Bozen – Wettbewerbsprojekt; Berufsschule Ziegelbrücke im Kanton Glarus; Alters- und Pflegeheim in Würenlos, Aargau; Deutsche Schule in Vernier-Genf.

GIORGIO + MICHELE TOGNOLA

GIORGIO TOGNOLA
Geboren 1957 in Biasca. Architekturstudium an der Ecole d'architecture UP6 in Paris mit Diplomarbeit DPLG 1984. 1984–86 Mitarbeit im Architekturbüro Livio Vacchini in Locarno. Seit 1987 eigenes Architekturatelier in Losone.

MICHELE TOGNOLA
Geboren 1959 in Locarno. Architekturstudium an der ETH in Zürich und Abschluss im Jahre 1985. 1985–86 Arbeitstätigkeit in der Schweiz und in Barcelona, Spanien. Seit 1987 zusammen mit Giorgio freiberuflich tätig mit Atelier in Losone.

Auszeichnungen: Preis Beton 93, Architekturpreis Reiners Stiftung 2002, Preis SIA Tessin 2003

Bauten und Projekte: Tessin: Haus in Minusio 1988; Restaurierung des Palazzo Franzoni in Locarno 1990; Boutiqueeinrichtung Il Labirinto in Locarno 1988; Wohnhaus in Tegna, Valle Maggia 1989, Postgebäude in Biasca 1993; Foyer Pro Juventute in Locarno 1990; Wohnhaus in Losone 1991; Restaurierung des Castello Visconteo in Locarno 1990; Wohnblock in Biasca 1995; Erweiterung des Theaters Kursaal Locarno 1993; Autogarage in Gordola 1997/2000, Parkhaus in Locarno; Wohnhaus in Orselina 1999; La Fabbrica in Losone 2001; Erweiterung der Friedhofanlage in Biasca 1999; Universitätsbibliothek in Lugano 2002; Wohnhaus in Gudo 2003, Werkstätte der öffentlichen Verkehrsmittel in Lugano 2004; Neues Informatikgebäude der Universität Lugano 2004.
Einrichtung der neuen Architekturschule in Nancy mit Livio Vacchini 1995, Fußsteg, Zusammenarbeit mit Felice Varini in Villeurbanne, Frankreich 2002,

LIVIO VACCHINI

Geboren 1933 in Locarno. 1953–1958 Architekturstudium an der ETH–Eidgenössischen Technischen Hochschule in Zürich, gefolgt von Arbeitsaufenthalte in Stockholm und Paris. Von 1963–1968 Zusammenarbeit mit Luigi Snozzi.
Seit 1969 eigenes Architekturbüro in Locarno. 1973 bis 1976 Zusammenarbeit mit Aurelio Galfetti. 1976 Gastprofessor an der ETH in Zürich und 1982 an der Architekturfakultät des Polytechnikum in Mailand. 1980–1985 Mitglied in der Kommission für Denkmalpflege des Kantons Tessin. 1995–2001 Arbeitsgemeinschaft mit Silvia Gmür in Locarno und Basel-Stadt. Er lebt und arbeitet in Locarno.

BILDNACHWEIS

S. 8 aus: Il territorio e gli abitanti, in: *Storia del Canton Ticino – il Novecento*, hg. Raffaello Ceschi, Edizioni Casagrande, Bellinzona 2000; S. 9 aus: *Lugano – il borgo, la città, il lago nell'iconografia del passato,* hg. Oscar Camponovo, Virgilio Chiesa, Edizioni Casagrande Bellinzona 1972; S. 10 oben aus: *Progetto e territorio, Gli assi di transito e le trasformazioni territoriali del Cantone Ticino,* hg. Aurelio Galfetti und Letizia Tedeschi, Accademia di architettura Università della Svizzera italiana, Mendrisio 2001; S. 10 Mitte aus: *Carl Weidemeyer 1882–1976. Artista e architetto tra Worpswede e Ascona*, a cura di Bruno Mauerer, Letizia Tedeschi, Archivio del Moderno – Accademia di architettura Mendrisio, Skira Editore, Ginevra-Milano, p. 119; S. 10 unten aus: *Carl Weidemeyer 1882–1976. Artista e architetto tra Worpswede e Ascona,* a cura di Bruno Mauerer, Letizia Tedeschi, Archivio del Moderno – Accademia di architettura Mendrisio, Skira Editore, Ginevra-Milano, p. 119; S. 11 oben und Mitte aus: *Franco Ponti, Architetto 1921–1984*, mit Textbeiträge von Milo Navone, Franco Poretti, Tita Carloni, Paolo Fumagalli, Fondazione Archivi Architetti Ticinesi, Bellinzona 1999. Bilder: Fondazione Archivi Architetti Ticinesi; S. 11 unten aus: *Progetto e territorio,* hg. Aurelio Galfetti und Letizia Tedeschi, Accademia di architettura Univerisità della Svizzera italiana, Mendrisio 2001; S. 12 aus: *Aurelio Galfetti,* Introduction by Mario Botta/Mirko Zardini, Editorial Gustavo Gili, SA, Barcelona 1989, p. 15; S. 13 oben aus: *Luigi Snozzi. Costruzioni e progetti/buildings and projects 1959–1993*, hg. Peter Disch, ADV Publishing House, Lugano 1994, p. 114–115; S. 13 unten: Enrico Cano/Pino Musi; S. 16: Enrico Cano (Tamaro, Rovereto, Seriate), Pino Musi (Seoul); S. 19–23: Archiv Baserga + Mozzetti; S. 24–27: Filippo Simonetti; S. 30–33: Archiv Arnaboldi; S. 34–37: Studio PAGI; S. 38–41: Francesca Giovanelli; S. 43–47: Alberto Piovano; S. 48–51: Marco d'Anna; S. 52–54: Lorenzo Mussi; S. 56–59: Pino Musi; S. 60–63: Marco d'Anna; S. 64–67: Filippo Simonetti; S. 70–71: Archiv Baserga + Mozzetti; S. 72–75: Franco Mattei; S. 76–81: Siegfried J.Gragnato; S. 82–83: W.Mair und J.Könz; S. 84: Archiv Snozzi; S. 86–87: Gaston Wicky; S. 88–91: Archiv Cavadini, Filippo Simonetti; S. 92–93: Piernicola Federici; S. 94–95: Davide Belli; S. 96–97: Archiv Alves Pfister + Pfister; S. 98–99: Pino Musi; S. 100: Archiv Vacchini; S. 102–105: Filippo Simonetti; S. 106–107: Piernicola Federici; S. 109–111: André Morin; S. 113–115: Piernicola Federici; S. 118–121: Filippo Simonetti; S. 122–125: Franco Mattei; S. 126–129: Lorenzo Bianda; S. 130–131: André Morin; S. 132: Archiv Galfetti; S. 134: Orsenigo Chemollo; S. 135 oben links: Orsenigo Chemollo; S. 135 oben rechts: Alexandre Zveiger; S. 135 Mitte links: Orsenigo Chemollo; S. 135 Mitte rechts: André Morin; S. 135 unten: Filippo Simonetti; S. 136: Jachen Könz; S. 137–140: Orsenigo Chemollo; S. 140 unten: Alexandre Zveiger; S. 141–142: Orsenigo Chemollo; S. 144–145: Alexandre Zveiger; S. 146–147: André Morin; S. 149: Filippo Simonetti; S. 151–153: Hannes Henz; S. 154: Siegfried J. Gragnato; S. 155–158: Archiv Gianola; S. 161: Archiv Arnaboldi; S. 162: Archiv von Allmen Bosco; S. 163 oben: Archiv Arnaboldi; S. 163 unten: Archiv Bassi; S. 164 oben: Archiv Baserga + Mozzetti; S. 164 unten: Rémy Steinegger; S. 165 oben: Archiv Bruno Fioretti, Marquez + Martini; S. 165 unten: Archiv Cavadini; S. 166 oben: Archiv Christen; S. 166 unten: Archiv Durisch + Nolli, Franco Mattei; S. 167 oben: Maurizio Bortolotti (Porträt), Milo Keller; S. 167 unten: Filippo Simonetti, Porträts Archiv Ferrari + Gaggetta + Moor; S. 168 oben: Archiv Galfetti, S. 168 unten: Archiv Gazzaniga + Cecciolini; S. 169 oben: Archiv Gianola, S. 169 unten: Archiv Giraudi + Wettstein; S. 170 oben: Archiv Studio d'architettura Guscetti; S. 170 unten: Archiv Könz + Molo; S. 171 oben: Archiv Lepori; S. 171 unten: Archiv Macullo, S. 172 oben: Archiv Marazzi; S. 172 unten: Archiv Meyer + Piattini; S. 173 oben: Archiv Alves Pfister + Pfister; 173 unten: Archiv Snozzi + Groisman (Porträt), Pinocchio Filippo Simonetti (Pavillon); S. 174 oben: Archiv Snozzi; S. 174 unten: Archiv Soliman + Zurkirchen; S. 175 oben: Archiv Tognola (Porträt und Haus Gudo), Stefania Beretta (Haus in Tegna); S. 175 unten: Archiv Vacchini

LITERATUR

Tessiner Architekten, Bauten und Entwürfe 1960–85, Thomas Boga, ETH Zürich 1986

Neue Tessiner Architekur, herausgegeben von Frank Werner und Sabine Schneider, Stuttgart 1989

Neue Architekur im Tessin 1980-95, Peter Dirsch, Lugano 1996

Mecedes Daguerre, L'avvio di un itinerario progettuale, in: *Vivere l'Architettura/ Living Architecture. The Architecture of Durisch+Nolli,* edited by Rebecca Williamson, Lugano–Chicago 2000

Dodici case nel Canton Ticino, un testo di Masiero e un editoriale su Vacchini… *Archi* 5, Ottobre 2000

Jacques Lucan et Bruno Marchand, *Matière d'art – Architecture contemporaine en Suisse*, Basel 2001

Architetture nel territorio, herausgegeben von Gabriella Zannone und Mercedes Daguerre, Tarmac, Mendrisio 2001. (CD-ROM)

Neue Schweizer Architektur, ein Schwerpunktdossier der Neuen Zürcher Zeitung, August, 2002

Casabella 701, giugno 2002

Mario Campi, *Architekturen und Entwürfe,* Basel, Boston, Berlin 2002

Archi 3, 2003

Bauwelt 34, September 2003

Gaston Wicky und Brigitte Selden, *Neues Wohnen in der Schweiz,* München 2003

Steven Spier und Martin Tschanz, *Swiss Made. Neue Schweizer Architektur,* München 2003

Dank

Wir danken allen Beteiligten, die uns in dieser Arbeit unterstützt und zur Verwirklichung dieser Publikation beigetragen haben, besonders den Architekten Mario Botta, Aurelio Galfetti, Ivano Gianola, Luigi Snozzi und Livio Vacchini für ihre Beiträge, Dank geht an Domenico Lungo und Katia Accossato für ihre Textbeiträge, an alle Architekten für die Zusammenstellung des Materials und der Freigabe der Fotografien, an die Stiftung »Archivi Architetti Ticinesi« sowie an Beate Munz aus dem Büro Bamberg für die sorgfältige Aufbereitung der Daten und Adolf Schorp für die redaktionelle Mitarbeit.

Impressum

Bibliografische Information Der Deutschen Bibliothek
Die Deutsche Bibliothek verzeichnet diese Publikation
in der Deutschen Nationalbibliografie; detaillierte bibliografische Daten
sind im Internet über http://dnb.ddb.de abrufbar.

Übersetzungen aus dem Italienischen: Thomas Bamberg
Grafische Gestaltung: Büro Thomas Bamberg und Susanne Ebersberger
Litho: Repro Ludwig, A–Zell am See
Druck und Bindung: Printer, I-Trento
Printed in Italy

ISBN 3-421-03465-6